快捷语文

中学生每日一读

亲近母语·最美语文

8 你若不哭，命运便笑

主编／一路开花　　编者／王亮　雪炘　朱建鸿　杨鸿霞

中国电力出版社
CHINA ELECTRIC POWER PRESS

图书在版编目（CIP）数据

中学生每日一读．你若不哭，命运便笑 / 一路开花
主编．—北京：中国电力出版社，2015.7
（快捷语文）
ISBN 978-7-5123-7878-0

Ⅰ．①中… Ⅱ．①一… Ⅲ．①阅读课－中学－课外读物
Ⅳ．①G634.333

中国版本图书馆CIP数据核字(2015)第126229号

快捷语文　中学生每日一读　你若不哭，命运便笑

主编：一路开花

策划编辑	于锡梅　张　玲	购书热线	010-58383328/3416
出版发行	中国电力出版社	编辑热线	010-58383425
印　　刷	三河市航远印刷有限公司	社　　址	北京市西城区三里河路6号
邮政编码	100044		

尺　　寸	170mm×239mm	版　　次	2015年7月第1版
印　　张	10	印　　次	2015年7月第1次印刷
书　　号	ISBN 978-7-5123-7878-0	定　　价	22.00元

在阅读中优雅老去

文 / 一路开花

二十岁时，第一次去凤凰，不为古镇美景，只为能与偶居夺翠楼的黄永玉先生见上一面。

时逢雨季，沱江奔啸，烟波微茫信难求。苦待数日，仍没能等到想见之人。

在清冷的雨丝中独自徘徊，满心失落。无意走进一家书店，里面尽是沈从文先生的文本作品。无处可去，只好在僻幽的角落里翻阅旧籍。而后，一发不可收拾。

回程当日，总觉有重要东西遗落城中，寻思许久，才跑去那条巷子的书店里买了本周身泛黄的《边城》。这本有着深蓝小印戳的《边城》，至今仍安躺于我的书柜里——它不仅使我在未果的行程中找到些许补偿，更让我在之后的时光无比怀念二十岁的自己。

再后来，兴许命理所定，真与书结下了不解之缘。不但自己看书写书，更领着诸多热爱文学的人走上了自己想走的路。

我经常跟学生们说，阅读是写作的命脉，只有不断阅读，才能保持创作角度的新颖和思维的敏捷。然而，阅读所赐予的，又何止是这些？

不管在何时何地，只要手中捧着一本书，心里便会觉得安然。书不但能排遣无聊的寂寞，将岁月的伤痛逐一缝补，还能把心灵淬炼成一块玲珑美玉。

一个爱书之人，必是睿智且沉稳的。遇事不惊，处之泰然。古人所说的"腹有诗书气自华"，便是这意思。

生命本就是一次有限的跋涉。一个经常读书和一个经常沉迷在网游世界的人，心灵绝对是不一样的。前者，往往更能体悟一叶一菩提的真谛。

书本所给予心灵的力量，是不可言喻的。

正如北大教授曹文轩所说一般，世间最优雅的姿态，就是阅读。不论静坐还是倾卧，它都是最美的姿态。这样的人，通常都会从骨子里散发出一种极具亲和力的书卷气。

阅读人物，通晓历史，可以他人鉴知自己得失；阅读杂文，百味世事，可在辛言辣语中澡雪精神；阅读情感，温热肺腑，可居书香浓情里滋养心灵；阅读故事，体会人生，可于静谧岁月中倾情流泪……

每一种书，都是风景；每一本书，都是亟待窥破的秘密。

宋朝诗人黄山谷有一句名言："三日不读书，便觉语言无味，面目可憎。"这其中说的，就是每日读书的重要性。

"中学生每日一读"系列图书，所遵循的就是这个简单的理论。通过遴选当下不同类型的精华文章，给读者送去心灵的养分——让你懂得珍惜青春，明白如何把握自己的人生，寻回本真的感动，看到世界别样的美好……

但愿我们可以放慢匆乱的步伐，一起在欢愉的阅读中，优雅老去。

目 录

梦是蝴蝶的翅膀

文_汤小小　主题词_梦想　奋斗

无论多么卑微的人生，只要有梦想支撑，就会拥有一片明朗的天空。

她是一个90后女孩，父亲的早逝，让她没有条件做骄奢的小公主。为了减轻母亲的负担，初中毕业后，她背起行囊，远离家乡，到城里打工。

那时她不满18岁，没技术没文凭，只能在一家路边小吃摊做服务员。摊点不远处，是一所艺术学校，每天清晨，都有背着画板的学生，踩着和煦的阳光，一脸喜悦地奔向艺术的殿堂。

她常常手里端着盘子，目光却紧随着这些学生的身影，久久回不过神来，心里有一棵小树抽枝发芽、蓬勃生长，将整个天空撑满。尽管被老板训斥了好几次，也被扣了不少工资，但是下一次，她依然如此痴迷那些远去的背影。

学校的老师和学生偶尔会来光顾小吃摊，她比领到工资还兴奋，桌子擦了又擦，碗盘洗得特干净，还细致地了解对方的口味，大家都喜欢上了这个热情的小姑娘。

有一次，几个老师一边在摊上吃早点一边闲聊，说到学校还差一个清洁工时，一直在旁边默默洗碗的她忽然站起来，走到老师们面前，搓着手，红着脸，怯怯地问："我去行吗？"

就这样，她成了艺术学校的清洁工，月薪800元，除去生活费，所剩无几，她却高兴得几夜没睡好。

从此，学校的老师们就经常看到一些很有趣的事情：这个小清洁工会一边拿着扫帚扫地，一边竖起耳朵偷听

奥普拉说："一个人可以非常清贫、困顿、低微，但是不可以没有梦想。只要梦想存在一天，就可以改变自己的处境。"人生是一个不断找寻的过程，人生有梦，因为梦想会让生命变得更有意义与挑战。

教室里的动静，巴掌大的地方，一扫就是一堂课，等大家都下课了，她又把扫帚舞得很欢，很快就把其他地方扫得干干净净。这个小清洁工还会捡同学们丢弃在地上的废画纸，不过，她没有扔进垃圾筒里，而是用橡皮把它们一点点擦干净，下班后躲在寝室里偷偷在上面涂鸦。

这些事情传到校长耳朵里，校长决定换个清洁工，学校的卫生必须保证啊。她听说后，扔下扫帚，跑到校长办公室，红着脸，却信誓旦旦地说："我可以不要工资，只要让我留下来就行，放心吧，我一定会把清洁工作做好！"

她急红脸的样子让校长最终留下了她，800元的月薪也照付不误。她成了这个学校的"编外学生"，白天挥舞着扫帚拼命工作，将汗珠洒在校园的角角落落，放学后，学生都离开了，她一个人坐在教室里，将所有的梦想倾注在画笔上，一画就是几个小时。

画画的开支是一个月收入 800 元的打工妹无法承担的，为了买笔墨纸张，她从清洁工又沦为了"破烂王"，别人扔的饮料瓶，她都当宝贝捡回来，拿到废品收购站，换回一大堆绘画用品。

一天24小时被她分割成了四段：8小时工作兼捡破烂，5小时睡觉，11小时画画。没有逛街的时间，没有聊天的时间，甚至连吃饭上厕所的时间都被省略。她瘦小的身影成为校园里最忙碌的风景。

虽然没有绘画功底，她的画还是慢慢引起了学校老师的注意，干练的画风，大胆的用笔，不比任何一个专业学生差。老师们不再认为这个小清洁工是"瞎忙活"，他们开始免费为她提供一些指导，这让她的画，如遇到春风的小草，快速茁壮地成长。

她不再满足于业余画画，她想参加艺术类高考，到更广阔的舞台上，尽情挥洒手中的笔墨。

文化课成为她的硬伤，一个初中毕业的女孩，怎么可能在高考中拿到高分呢？连母亲都劝她放弃，她却拾起高中课本，像一块浸入水中的海绵，拼命汲取着营养。睡眠时间被一再压缩，凌晨两点才是她的入睡时间。

所有人都认为，这个小清洁工的梦想实在太像白日梦，她却在嘲笑和不解中，交出了让人瞠目结舌的答卷。她以 556 分的高分，成功通过清华大学美术学院的专业课考试，在一群经过专业培训的学生中，名列 203 位。她工作的学校，每年只有五六名学生考上清华，而她，一个小小的清洁工，成为其中的一员。

这个女孩有一个普通得不能再普通的名字——邓轩，但她用自己的努力，一步步靠近梦想，让人生变得不再普通。

梦是蝴蝶的翅膀，无论多么弱小的蝴蝶，只要不停地扇动翅膀，终能飞越沧海；无论多么卑微的人生，只要有梦想支撑，就会拥有一片明朗的天空。

| 赏·品悟 |

很多人怪自己出身不好，不是富二代，不是官二代，输在了人生的起跑线。其实，出身不能决定你的人生，有人出生时虽条件优越，最终却过得狼狈不堪；有人出生时落于人后，通过自己的努力却梦想成真。追求梦想的道路上，无论荆棘密布，还是风吹雨打，只要心怀梦想，一步一步向前，终会迈向成功。

让理想站在更高的山上

文 _ 李红都　主题词 _ 理想　攀登

是伊老师让她敢于做梦，让她知道，原来自己也可以站在更高的山上，拥有属于自己的更辽阔的风景。

出生于一个普通农户人家的她，小时候也像村里大多数的女孩那样，最高的梦想是读完初中，然后就到城市打工。

那个时候，村里人大多觉得女娃们能识几个字、会算账就行了，考大学光宗耀祖的事儿，那是男娃的责任。她也一度觉得女孩子初中毕业，就是很了不起的事了，就像每年重阳节，跟着爸妈登上村里最高的那座疙瘩山，俯视下去，一览众村小，心里挺自豪的。

上小学时，弟弟是家里的保护对象，她则经常被母亲呼来唤去帮着分担家务。农忙的时候，她甚至天天和父母一起泡在田间地头。小学毕业，她的成绩自然也好不到哪儿去，勉强地考进了村中学。

初三那年，学校里来了一位来支教的女老师，有一个很洋气的名字，叫伊琦梦。城里长大的女子就是跟她们这些村妞不一样，白嫩的皮肤像剥了皮的熟鸡蛋似的，细碎的长发很随意地披在肩头，一种不经意的优雅透过发丝呼之欲出。更让她心动的是，伊老师无论四季，都喜欢穿长裙，那些随风飘飞的裙袂，带着淡淡的栀子花的香气，唤起了她久违的柔软情愫。

转眼又到了重阳节，伊老师带领全班同学到县里的双龙山登高远眺。那天，当她们一行人汗涔涔地登上双龙山顶峰，临风远眺的时候，伊老师指着西面那片低矮的小山丘说："你看，那就是你们村最高的山。"

顺着伊老师的指向，她果然看到了那座疙瘩山。曾经，它在她眼中，已是很高的山峰了，登上它，村里的一切都那么渺小。而此时，那座山，相比于眼前已登上的双龙山而言，简直不能算山，只能算是个丘陵，抑或只是一团小小的泥丸。

那天，伊老师说，孩子们，我希望你们初中毕业后能考上县里的高中，看到更美更辽阔的风景……

回来后，她仿佛变了个人似的。每天，她仍然会帮父母做家务，但做完家务，她会把自己关在小屋里，捧着书本到深夜。

初中毕业，她考上了县里的一所高中，虽然不是什么重点学校，但她仍然很兴奋。学校离家远，她办了住宿手续，每周只休息日回家看看。远离了家乡，也远离了那些干不完的农活，她有更多的时间投入学习，成绩越来越好，渐渐地走进了老师重点培养的尖子生行列。

高三那年的重阳节，她和同学结伴到西安登华山。当他们登上海拔2154.9米的高山，一时间，周围云雾缭绕，恍若置身仙境，视线从未有过的开阔，让她顷刻间忘了攀登中腰腿的酸痛。那一刻，她才发现，原来山外有山、天外有天……

她和同学约定——考上北京、上海等一线城市的名校。

然而，事与愿违，她的分数与理想相距甚远，能上的，只是三线城市的本科院校，为了省些学费，她选择了收费较低的师范学院，但她还是担心母亲不同意，毕竟还有个弟弟也要上大学，两个大学生，家里如何供得起？

正当她不知如何开口向父母要钱交学费的时候，爸爸表态了："上！家里就是卖了房子，也要供孩子上完大学。"她又高兴、又难过，拉着爸爸的手，泪流满面。

上了师范学院后，身边有些家境好的同学，把大学校徽当炫耀，把大学文凭当求职的敲门砖，早没了考大学时的刻苦，而她依然继续保持着当年的拼劲。课余时间，同班的女生结伴去逛商店或到KTV唱歌，她则边攻英语托福，边兼职做起家教。

本科毕业后，她参加了全国硕士研究生招考，顺利考上了上海复旦大学新闻类的研究生。高三时就有的那个考进一线大城市的梦想，终于在四年后变成了现实。

博学的老师、睿智的同学，充满知识和时尚的话题，还有那精彩的大城市生活，让她对成功和梦想有了更高的认识。她仿佛是一个终身的攀登者，生命不止，攀登不息。读完研究生，她在恩师的推荐下，获得了出国深造的机会。她的成就，令父母高兴得梦里都能笑出声。

那一年，回乡探亲的时候，她对村里慕名而来的学生们谈起她的人生感悟。她说，这一切都要感谢那位聪慧美丽的伊老师，是伊老师让她敢于做梦，让她知道，原来自己也可以站在更高的山上，拥有属于自己的更辽阔的风景。

| 赏·品悟 |

有一首歌唱得很好："给我一个信仰，让我成长……"人生就像爬山，每登上一座山头，你会发现，原来，前面还有更高的山峰……年轻的你，请相信，人生的

高度一定会随着我们视野的增宽和持之以恒的努力而不断地提升！生命不止、攀登不息，你的努力，一定能让你发现另一个更加优秀的自己。

喜春来

[元]张弘范

金装宝剑①藏龙口，玉带红绒挂虎头②。绿杨影里骤骅骝③。得意秋，名满凤凰楼。

【注释】①金装宝剑：用黄金作装饰的宝剑。②虎头：指虎头金牌。元帝颁发给大臣用以便宜行事的金牌。③骅骝：指骏马。

| 诵·品析 |

这首曲作者借说自己不但有玉带、红绒，还有宝剑和代表军威的虎头配饰在腰间，行头上不输伯颜，自己和伯颜的同牌曲，是表达与伯颜一起灭宋的梦想，奋斗的豪情。曲中写用黄金作装饰的宝剑，锋利的刀刃藏在剑鞘。束玉带，附红绒，虎头金牌缠在腰际。绿杨的树影里，骏马如飞银光耀。秋高气爽志气豪迈，建功立业，名垂朝廷。

T台上的"冰山女王"

文 _ 李庆桂　主题词 _ 热爱　坚持

足够热爱，坚持到底，永不放弃。

1931年，卡门出生于美国纽约的"艺术家庭"，父亲是个名不见经传的小提琴手，母亲是一名普通的芭蕾舞演员。她的艺术父母有一个共同点，就是，浪漫、朦胧以及不切实际的幻想。

可是未成就的艺术不能当饭吃，父亲为了追求所谓的"艺术梦想"，悄悄离家出走，背着小提琴，流浪远方。伤心欲绝的母亲，积郁成疾，不得不含泪离开芭蕾舞台。虽然，在身为舞蹈演员的母亲眼里，女儿卡门，只不过是个有着"两扇门一样大的耳朵和一双棺材大脚"的女孩。但每一位母亲都希望上帝赐予她力量和智慧，把自己的孩子，改造成为万人瞩目的光辉形象，行走在世界中央。

起初，卡门的母亲坚持想在卡门身上延续自己的芭蕾梦想。她把仅存的一点儿钱，拿去让卡门上芭蕾课。但，梦想很丰满，现实很骨感，因为贫困的现状，不得不最终选择放弃。这可怜的母女俩，像两只被世界抛弃的野猫，东搬西挪，没有一个固定的居所，很多时候，穷得连房租都交不起。有时，日子实在熬不下去，母亲甚至要把小卡门在孤儿院寄放一段时间。自幼时起，卡门就暗暗立志：要出人头地，让母亲能喝上红葡萄酒，吃上香喷喷的小甜点。

1945年，机会开始眷顾卡门这个猫一样的女孩儿。13岁的一天，卡门在搭乘公交车回家的路上，被时尚

俞敏洪说："一个人要实现自己的梦想，最重要的是要具备以下两个条件：勇气和行动。"实现梦想的过程是艰辛的。有梦的人生不荒芜，热爱与坚持，同样是实现梦想必不可少的因素。

· 7 ·

杂志《Bazzar》的一位摄影师相中。随后，摄影师给她拍了一组照片交给杂志社。卡门当即把这个消息告诉母亲，母亲喜极而泣，连忙祷告，感谢上帝，终于给这个家庭带来了黎明的曙光。

可是，几天后，杂志社在寄给卡门母亲的回信中委婉"赞"道："尊敬的太太，您的女儿的确是一位礼貌的淑女。但遗憾的是，她并不适合拍照！"念着念着，信纸从卡门母亲的手中滑落，绝望的泪水从她眼眶中奔涌而出。"妈妈，别人的评价，不能决定我的价值。"卡门咬着嘴唇，从地上抓起信纸，带着满腹委屈，一口气儿跑到教堂。教父展开信纸，看过之后微微一笑，摸摸她的头，慈祥地说："孩子，这张信纸并不能代表什么，我相信你，你是上帝亲手栽种的独一无二的苹果。"

卡门的教父，找到了在另一本时尚杂志《Vogue》工作的朋友。两周后，卡门辗转得以见到了《Vogue》的传奇编辑戴安娜·维里兰，这位女编辑把卡门上下打量一番，她的手拂过卡门的长发，说："宝贝儿，如果你脖子再长一英寸，我就会送你去巴黎，可是……"，看着卡门那悲凄而又倔强的表情，她不想将话说得太直接，随即，话锋一转，说："你认为自己美丽吗？""没有人可以否认我的美丽！"卡门肯定地回答。正是这句话，打动了戴安娜，她终于答应让卡门尝试。经过不懈的努力，卡门成为该杂志的签约模特，那时她才 14 岁。从此，卡门的模特生涯，就这样开始了。1946 年，由著名德裔摄影家霍斯特主刀的片子，就出现在《Vogue》的封面，15 岁的卡门登上了《Vogue》顶级时装杂志的封面，成为当时最年轻的《Vogue》封面女郎。

尽管成了专业模特，但卡门和母亲的日子仍然很艰辛。由于贫困，卡门家没有电话，《Vogue》就派邮差通知卡门来拍照。为了省下路费，赶工的卡门并不乘坐公交车。15 岁的她，踩着轮滑，绕过穿梭的车辆和熙攘的人流，去赶着给这家大牌杂志拍广告——就像个送外卖的小伙子，成为当时繁华大街上，一道奇特、清新的风景。

由于卡门严重营养不良，摄影师为她拍照时，总要含泪用别针把她的衣服后边别起来，或者往衣服里塞些东西好撑起来，大家从心底心疼这个瘦巴巴的小女孩。卡门却笑着耸耸肩，做个鬼脸：看！我像不像只大袋鼠？大家也忍不住跟着笑起来。除了为名牌走秀拍广告，她还给绘画大师萨尔瓦多·达利做时薪 12 美元的人体模特。为了俭省，卡门去巴黎走秀时，经常会带个大皮箱，里面装着自己缝制，应对各种场合的服装，甚至还把从慈善商店买回的几块廉价毯子，拼成一件大衣。这种简易、青春、极具个性的风格，反而吸引了大批观众的眼球。

还未成年的卡门每周就能挣到 60 美元（相当于现在 1200 美元），她替母亲交了欠下的房租，让母亲吃小甜点，喝上红葡萄酒，她们的生活渐渐脱贫。不仅如此，她还供自己读了私立学校，并暗中资助背井离乡的父亲。在卡门那里，永远没有脚疼和睡眠不足的抱怨，她坚忍的好性情得到了合作商和观众的由衷喜爱。

至今，卡门的秀约仍然源源不断。2013年1月，82岁的卡门·戴尔·奥利菲斯在巴黎时装周压轴出场，一头银色长发在T台流泻飞舞，如同冰山女王，霸气十足，成为T台最年长模特，令诸多新生嫩模黯然失色。卡门用行动演绎雄踞T台68年的成功秘诀：一、足够热爱，坚持到底，永不放弃。二、当你想放弃的时候，回头，再坚持第一个秘诀！

| 赏·品悟 |

现在，当美国超模卡门·戴尔·奥利菲斯出现在镜头前，你会觉得她的脖子比其他模特短了一寸而难看吗？当然不会，所有人都会被她的灵动、优雅、霸气和女王般坚毅的眼神吸引。生活是一座百花园，每一朵花都别具特色，世界上只有一个独一无二的你，不管别人如何看待你，都不要轻言放弃。就像卡门一样，坚持自己的坚持，热爱自己的热爱，一定要相信，已经行走了99步，第100步就会迈进成功的大门。

对流星许愿三次

文_张宏涛　主题词_行动　坚持

当转瞬即逝的流星发出绚烂的光芒划过天际时，你能大声喊出你的梦想吗？

有两个年轻人向日本培训界大师佐藤传请教实现梦想的秘诀，佐藤传因为有急事要离开，所以只对他们说了一句话就匆匆离开了，这句话是："如果你们能对流星大声许愿三次，就会梦想成真。"

听了这话，一个年轻人非常失望，他没想到这位在培训界德高望重的大师居然跟他们开玩笑，居然说什么向流星许愿。他嘟囔了几句，就离开了，自然也就把大师的话抛到脑后了。另一个年轻人却不然，他认真思索着大师的话，想了一整夜，终于想明白了。大师的话让他豁然开朗。

转眼三年过去了。两个年轻人又见面了，其中一个，依然原地踏步，在一个小公司做一个小职员，另一个却成了一家大企业的总经理。两人都非常惊讶对方的现状，刚好大师又来该地区演讲，两人便一起再次拜访大师。

见到大师后，那个依然没什么起色的年轻人忍不住先说道："大师，真是没想到，我以为你当时说的向流星许愿不过是开玩笑，所以没有当真。他却真的向流星许愿了三次，然后梦想成真了。早知道我也这样做了，那就不像现在这样落魄了。可是我不明白，向流星许愿真的这么灵吗？这也太不可思议了吧？"

大师微笑着看着他，问了一句："那你的梦想是什么呢？"

年轻人回答："我的梦想是……"话说了一半，他说不下去了，因为他从没有认真想过这个问题，他曾经有很多梦想，而且经常变化，所以一时不知道该说什么。

另一个年轻人则说："感谢大师！那天听了您的教诲，我就在想：如果向流星许愿，我该许什么愿呢？我想了一夜，才最终确定了我的梦想，那就是——让自己变得更卓越，三年内成为大公司的高层领导。为此，我第一件事情就是从我所在的小公司辞职，然后应聘到一家大公司。我每天都在努力，自学各种相关本领。虽然我当时地位很低，也没有背景，但我敢于坚持梦想。第一次见到流星后，我大喊出了自己的梦想，遭到很多同事的嘲笑，但我不怕。我想：如果不能战胜自己的羞耻心，不敢将梦想公之于众，我又怎么可能实现梦想？既然当众公布了自己的梦想，我自然会更加努力鞭策自己。我的梦想被主管领导得知后，他和我进行了谈话，然后提拔我做了组长，委以重任，我没有辜负他的期望，又得到了提拔……第二年，在公司集体旅游的夜晚，我又遇到流星，再次高喊出自己的梦想，引起了我们老总的注意，并得到了他的鼓励……就这样，我不断努力，果然在第三次对着流星许愿后，就梦想成真了。"

大师听到这里，点点头："向流星许愿只是一个形式，而这个形式能督促你为梦想而努力。并且梦想是不可以轻易改变的，是需要坚持的，如果一个人能三次遇到流星时，许的愿都一样，说明他一直在坚持他的梦想，自然容易成功。年轻人，你做到了，祝贺你！"

这时，第一个年轻人感慨地说："我终于明白自己为什么一事无成了！原来梦想成真首先必须得有一个坚定不移的梦想；其次，要有实现梦想的可行性计划，并一步一步往前努力。多谢大师，我明白以后该怎么做了！"

当转瞬即逝的流星发出绚烂的光芒划过天际时，你能大声喊出你的梦想吗？

| 赏·品悟 |

一个人做一件事情也许很容易，难的是一直做同一件事情。一个人有梦想也很容易，难的是能一直为这个梦想付诸努力。真正助你成功的不是流星，而是你确定了目标，并且坚定不移地努力实现梦想。当流星划过时，你敢大声许愿吗？

每日一诵 ∙∙

折桂令·拟张鸣善

[元] 倪瓒

草茫茫秦汉陵阙①，世代兴亡，却便似月影圆缺。山人家②堆案图书，当窗松桂，满地薇蕨③。

侯门深何须刺谒④？白云自可怡悦。到如今世事难说，天地间不见一个英雄，不见一个豪杰。

【注释】①陵阙：指帝王的坟墓。②山人家：山居的人，作者自称。③薇蕨：皆草本植物。伯夷、叔齐不食周粟，隐居首阳山，采薇而食。后世以"薇蕨"为隐者之粮。④刺谒：求见，拜访。刺，类似后来的名片。

| 诵·品析 |

这支小令是作者一首述志寄怀之作。元末社会极不安定。作者借此曲抒发了他对历史和现状的感慨，直接表现了他的生活态度，生动地反映了这位杰出的山水画家的思想品格。上片前三句直接入题，后三句感写自己的生活。下片前两句直接述志，最后三句再回到历史与现实上来。此曲叹历代兴亡，抒发对现实极度不满，追求山林乐趣的情怀。毫不隐讳，愤慨之情溢于言表。缘情状物，精练晓畅，气势豪爽。

相信自己是最好的

文 _ 林玉椿　主题词 _ 自信　勇敢

相信自己能够成为最优秀的人，你便会在无形中有了这样的目标——我一定要做到最优秀！那么，你就很有可能做到最优秀。

李小龙在美国时，一直怀才不遇，但他从未消沉过，他一直坚定地对自己、也对别人说："我是最优秀的武术家，总有一天，我会出人头地！等着瞧吧！"

在美国，李小龙的中国功夫打遍天下无敌手，他进军好莱坞之后，曾扮演过好几部影视剧的角色，但由于当时华人在美国没有地位，他只能在里面演配角、反角。为此，李小龙很不甘心，因为他觉得自己有实力，觉得自己是个了不起的人物，不应该隐没在不起眼的角落里。后来，他一手策划了一部表现中国功夫的影片《无音箫》，准备自己担任主角。正当他对这部影片充满期待的时候，华纳兄弟公司却最终决定放弃。

尽管满怀失望与沮丧，但这并没有让李小龙对自己的能力产生任何怀疑，只是让他看清楚了这样一个现实：在这样的时代背景下，华人在美国没有地位，华人在西方影坛的发展也会深受阻碍。无论自己在影片中表现的如何出色，好莱坞都不会轻易给自己机会。正所谓"良禽择木而栖"，与其在这里等着渺茫的希望，还不如转回香港发展。

在李小龙的心目中，自己是最优秀的，理应在实力最雄厚的公司的麾下施展才华。当时香港最大最有实力的电影公司就是邵氏兄弟公司，邵逸夫开始时确实也对李小龙很感兴趣，然而当李小龙开出自己的条件时，邵

不要因为自身的缺陷而不敢去追求自己的梦想，也不要因为力量的弱小而放弃心中的梦想。要有勇敢拼搏的精神，无论遭遇多少打击和困苦，讥讽与欺凌，始终坚定心中的信念，不气馁，不放弃，那么最终，成功的桂冠定然属于你。

逸夫立刻表现得冷淡起来。李小龙开出的条件是：主演一部影片的片酬是 1 万美元；拍摄时间限定在 60 天内；必须有自己满意的剧本，否则不拍。

显然，李小龙认为自己的优秀完全值这个价（当时这个片酬在好莱坞只是很一般的片酬标准，但对于香港来说，却是很高的了），而且既然自己是"最优秀的武术家"，那就应该演出最好的影片，那些自己不满意的剧本就不应该出演。

然而，邵逸夫那时并没有看出李小龙的巨大价值，对李小龙的"苛刻"要求非常不屑："开什么玩笑，我手下那帮年轻漂亮的女明星，一个月才 600 港币。他不就是一个教人打拳的武师吗？邵氏 300 元一个月的武师有一大把！一个从来没有演过主角的武师，我出几千港币让你来试演，够抬举你了。"于是，邵逸夫让人转告李小龙：片酬只能是港币 3000 至 9000 元，拍摄时间不能限定。

邵氏的轻慢态度换来的是李小龙这样的回答："No！"

虽然屡受挫折，但李小龙仍然对自己、也对别人说："我是最好的，我是最优秀的！总有一天，我的伯乐会出现，那时我会让全世界都感到惊讶！"

很快，李小龙的"伯乐"果然出现了——他就是邵氏的对手"嘉禾"。那时的嘉禾公司正处于困境中，他们极度缺乏人才和成功的电影。邵氏"店大欺客"的事情传到嘉禾后，嘉禾的"掌门人"邹文怀立刻决定用诚意来打动李小龙。他先让嘉禾的导演罗维的太太刘亮华代表自己登门拜访李小龙，然后表明了自己对李小龙发自内心的欣赏。那时，嘉禾尽管资金非常困难，却开出了 7500 美元的片酬给李小龙，并承诺对于其他条件，他们将会尽最大努力去满足。嘉禾如此的诚意让李小龙非常感动，于是他决定跟嘉禾签约。

期间，李小龙通过电话跟邹文怀对话时，他将香港武侠片的功夫贬得一无是处，"虚假得很""香港的武星没有一个会武功""有本事就表演真功夫"……后来，李小龙和邹文怀见面时的第一句话就是："你等着瞧吧，我会成为全世界最伟大的武打明星！"

李小龙的"狂妄自大"并不是没来由的，因为他对自己的功夫精益求精，对自己的演技精益求精，对剧本的要求也是精益求精。因此，他完全有理由相信，自己是最好的，是最优秀的，自己主演的影片也会是最卖座的。

后来的事实证明，李小龙的确是个天才。他主演的第一部影片《唐山大兄》就立刻让全世界感到震惊。影片上映不到三个星期，就大破港产片纪录，随后在台湾、澳门、新加坡等华语电影市场，也很快打破了当地影片的票房纪录。凭借"李小龙旋风"，嘉禾一下子从生死存亡的边缘成为了一家颇有实力的电影公司，这令邵逸夫懊悔不已。接下来，李小龙主演的《精武门》令全世界的影迷感到疯狂：在香港，影片上映仅两个星期，票房就突破了400万元；在新加坡，成千上万的影迷涌向电影院，造成严重的交通堵塞，当局不得不宣布《精武门》停映一个星期；在菲律宾，《精武门》连续上映6个月久盛不衰，打破了菲律宾所有影片的纪录；在美国，甚至在日本，这部电影也引起了巨大轰动……

相信自己是最好的，李小龙便果真做到了"最好"。

其实，一个人的信心来自于自己的实力，同时信心又会反过来激励自己去增强实力。相信自己能够成为最优秀的人，你便会在无形中有了这样的目标——我一定要做到最优秀！那么，你就很有可能做到最优秀。

| 赏·品悟 |

得不到众人的认可不要紧，被别人轻视也没关系，无论遭受多少伤害，重要的是自己要相信自己是有能力的，是可以做到最好的。不贬低自己的身价，用行动去证明，告诉别人：我是最优秀的！

接近梦想，哪怕每天一点点

文 _ 胡征和　关键词 _ 拼搏　坚持

你准备好了吗？今天你要竭尽全力，接近梦想，哪怕一点点也好。

男孩在美国密歇根底特律的平民家庭长大，从小父亲就教育他，每天起床穿戴衣服之后，都要对镜自照，叮嘱自己，为接近梦想竭尽全力，哪怕每天前进一点点。

男孩12岁的时候，身高已是1.8米，不过体形就像铅笔一样细，因此，他总是遭到同学的嘲笑。有一天，男孩跟小伙伴们聊天，他说有一天他一定会到NBA赛场上去比赛，结果，又遭到同伴们好一阵嘲笑，说他的梦想是真正的一场梦。小伙伴

们直截了当，说他不但不结实，而且跑得不快，跳得也不够高，绝对不可能到 NBA
去打球的。作为一个只有 12 岁的小男孩，听到这些满是打击的话，他伤心透了。

然而，男孩很快想起父亲的话，每天早上起来穿戴衣服之后，就看着镜子问自己：
你准备好了吗？今天你要竭尽全力，接近梦想，哪怕一点点也好。

有时，晚上睡觉刷牙的时候，男孩也会看着镜子问自己，不要想昨天也不要想
明天，只问今天，是不是离自己的梦想近了一点点呢？

男孩每天都在练习篮球，一点一点地进步着。

十四五岁的时候，男孩进入高中，那时他已经有近两米高了。当时有一个篮球
运动员叫克里斯·韦伯，是当界 NBA 选秀的第一名，成了男孩心中的偶像。可身边
的同学没有一个认可男孩，都笑他：你永远没办法像克里斯那样出色，因为克里斯
很强壮，而且力气也很大，但是你跑得不快，弹跳力也不行，你别再做梦成为克里

斯·韦伯。

也许小时候早已听惯这种风凉话，男孩并不在意。每天早起，他习惯地来到镜子面前，看着镜子对自己说：你要知道，每天进步一点点就行。高中毕业准备去上大学的时候，男孩挂帅的球队已经赢了三个全州的冠军，而且他还是那一年全美高中明星队里面的一员，成了当时全国高中生中最棒的篮球运动员之一。

大学时，男孩申请的是美国一个学术与篮球都很出色的大学——杜克大学。刚进杜克大学，大家的不信任又跟着来了，他们说："哦，别看你在高中篮球打得很好，但大学里人才很多，你应该不会那么出色了，因为你速度比较慢，跳得也不高，而且你还不够强壮，更别说你的篮球意识也不够强。"这些话，男孩在 12 岁时听过，在十四五岁的时候也听过，已经不再是刺激，他想到的仍是自己该怎么做。男孩依旧站到镜子面前喃喃自语：你没有放弃追梦吧，接近梦想，哪怕每天一点点，准备好了吗？你要去向那些质疑你的人证明，证明他们是错的，你必须不断地奋斗。每天接近梦想一点点，最终让男孩成为了杜克大学一名攻防一体的全能前锋。2001 年，男孩率领杜克大学获得 NCAA（美国大学体育总会）总冠军，并被提名为 MOP（美国大学锦标赛最杰出球员）。

四年的大学生活结束以后，男孩决定加入 NBA。不出所料，周围的质疑声又来了，他们说："你大学的时候是很好的球员，但是你绝对不可能是一个优秀的专业球员。"

凭着每天接近梦想一点点的执着，男孩毕业不久，就被灰熊队召入麾下。2006 年，他被火箭队挖走。2011 年，随着火箭队的重建，老东家灰熊队又怜香惜玉般地把他召回。在季后赛面对强大的马刺，他凭借着自己的防守和精准的三分帮助球队完成黑八奇迹（指 NBA 季后赛中，排名第八的球队击败排名第一的球队）。而他最辉煌的时刻莫过于现在在迈阿密热火队效力，他屡次帮助球队拿下关键比赛，夺得两枚总冠军戒指，成为杜克大学历史上第一个拥有总冠军戒指的球员。

这个男孩就是 NBA 赛场上有着"蝙蝠侠"之称的肖恩·巴蒂尔。

有人问肖恩·巴蒂尔为什么爱照镜子。他说，别人都不相信我，都嘲笑我的梦想，但那不是真实的，只有镜子里的自己才是真实的自己，镜子中看着自己的人，可以洞悉一切，可以给自己真实的鼓励；看着镜子，我就会想起父亲的叮咛，要为梦想竭尽全力，接近梦想，哪怕每天一点点。

每个人都有自己的梦想，都曾为梦想而付出努力。在实现梦想的过程中，也有人认为，这个梦想太伟大，而我却太渺小，不可能实现，于是放弃了。而那些最后能够到达成功彼岸的人，因为他们愿意付出，愿意等待，不相信命运，他们相信只要坚定心中的信念，并且持之以恒，永不放弃，再遥远的梦想都终会实现。

每日一诵

人月圆

[元] 倪瓒

伤心莫问前朝①事，重上越王台②。鹧鸪啼处，东风草绿，残照花开。

怅然孤啸，青山故国，乔木苍苔。当时明月，依依素影③，何处飞来？

【注释】①前朝：此指宋朝。②越王台：春秋时期越王勾践所建，为驻兵处。③素影：皎洁银白的月光。

| 诵·品析 |

这首曲子体现倪瓒淡雅而又情深意切的写作风格。开篇两句，先为全曲奠定怀古伤今、悲哀深沉的感情基调。再接下来，诗人便居高临下俯瞰山河，追古思今。"怅然"句是写景的第二节，转而从大处着眼。最后，曲子以反问作结，意味无穷。这首曲子借对越王台古迹的怀念与怅惘，表达身世之感、家国之思，辞工而意切，语浅而情深，在同类题材中属上乘之作。

失败教会我的事

文_[美]道恩·波特 孙开元编译 主题词_勇气 坚定

当别人把你击倒在地时，你要能自己站起来，继续前行。

生活中有些事是你左右不了的，比如，潮湿的空气会影响你的发型。但是你的成功、你的生活方向，这些事你能左右，无论其中会遇到什么样的困难。

我之所以能懂得这一点，是因为几年前我觉得自己的事业已经结束，我觉得自己成了可怜虫。

我是在格恩西岛长大的，那里风景如画，只是不大受关注。我从小就有登上舞台表演的愿望，为了实现这一梦想，我就得离开这座小岛，所以刚上完大学，我就去全英国的戏剧学校进行面试，最后进了利物浦艺术表演学院。我在那里学了三年表演，后来就厌倦了。表演没有如同想象的那样给我带来快乐，但是我想有所成就的欲望还和当初一样强烈。

所以，我放弃了幼稚的冲动，思考着自己真正想要做的事情。我想获得成功，我想抒发自己的心声，是我自己写下的心声，而不是别人为我写的。我需要创作。于是，我一有时间就构思书稿、写博客，白天作为实习生参与电视制片。工作中的努力和热情让我受到了重视，于是我获得了在电视台的第一份工作——一位和我合作的制片人说他正在筹拍一部电视喜剧，缺少一个"勇敢的人"，认为我是最佳人选。

拍摄完成后，我腾出时间写出了第一本书《网迷日记》，并且在BBC电视台录制了一部纪录片《黎明……》，我终于能以自己的想法自由发挥了。在录制节目过程

当你失败的时候请不要轻言放弃，坚守自己的准则，坚定信念，便笑。

世界上没有哪一种成功是不用付出便可收获的，你若不哭，命运

中，我体会到了"制作"的快乐。接下来，我接到了美国好莱坞打来的一个电话。一位好莱坞制片人挺喜欢我拍的纪录片，想让我去拉斯维加斯拍摄一部电视系列剧。两个星期后，我搬到了美国。我们拍摄完了那部系列剧，反响还不错，不过拍完之后我就没了去处，那感觉就像是刚才还坐在桌子旁，人家突然拿走了桌布，然后被人扫地出门。制片曾经说让我接着拍第二部系列剧，但是他的承诺成了泡影，显然，我刚刚在电视上竖起的"牌子"转眼消失了，而我都不知道为何会发生这样的事。

就这样，我成了无业游民，手里拿着一张签证，在异国他乡干什么都受限制，英国也很快忘了我的名字。这时候我遇到了现在的丈夫，他给我付房租，但那时事业对我来说仍然是第一位的，找到了"靠山"一点儿也没让我感到快乐。我渴望获得自我价值感，我渴望获得自信。

我情绪低落，不敢再想创作，为了挣钱不得不干起了自己不喜欢的工作，比如推销婴儿尿布、推销土豆。这些工作确实让我在经济上恢复了一些元气，但都不是我的兴趣所在，我仍然没能获得自信。

和一位医生咨询了几次后，我的热情又来了，他对我说："你以前成功地创作过，为什么现在就认为自己不行了呢？"他的话成了我人生的转折点，我明白了，我并没有失去自己的才华，只是失去了勇气。医生的话给了我从头再来的决心，我重新拾起了创作，我写了一篇关于怎样构思小说的心得，然后又写了一些题材更丰富的文章，投给了英国一些杂志和报纸。没过多久，我有了两本书的签约合同，并且成为了英国《魅力》杂志每月一次的专栏作家，电视台也再次来找我合作。

现在回想起来，其实我的经历很简单：我在好莱坞遭到了一次拒绝，我把它看得太沉重了。在生活这座舞台上，我挨了两拳，然后就在地上打了几年的滚，爬不起来。我放弃了尝试，指望着好运气找上门来，而不是主动抓住机会。我在受到挫折后自甘平庸，忘记了告诉自己："我有能力做任何事。"

我讲出自己的故事，就是要告诉年轻人：你能掌握你的成功。当我说我要"干一番事业"时，时常会遭到别人的冷嘲热讽。现在，我正成功地进行写作和电视制片，住在了美国拉斯维加斯，而且有自己的时尚连锁店。失败后的成功让我懂得，一个人不必把自己最初的一点儿理想永远看作是最高目标，更重要的是，不要让别人的看法来左右你的行动。当别人把你击倒在地时，你要能自己站起来，继续前行。你不应该像折了一条腿似的在地上一躺就是三年。如果你不敢向前迈一步，你所能做的就会和我当年一样，只有推销婴儿尿布和土豆。

"走自己的路，让别人说去吧。"这是最简单最真实的道理。每个人的实际情况不同，选择的道路也不同。鞋穿在脚上，是否合适只有自己知道。你所做的不是取悦别人，而是追随自己的心意。不管未来如何，追随自己的心行动。能成大事者，都是勇于坚持走自己的路的人。坚定信念，跌倒了再起来，锲而不舍，将造就非凡的一生。

你若不哭，命运便笑

文_清风慕竹　主题词_坚守　成败　命运

一个人不可能总能赢，重要的是在跌倒时，自己不要认输。

西汉本始二年（公元前72年），汉宣帝下了一道诏书，想把祭祀汉武帝的"庙乐"升格，以大力颂扬他曾祖父的丰功伟绩。公卿大臣们立刻表示衷心拥护，不料长信少府（皇太后师傅）夏侯胜却站出来说："武帝虽有攘四夷广土斥境之功，然多杀士众，竭民财用，奢泰亡度，天下虚耗，百姓流离"，结论是"不宜为立庙乐"。这无异于是对皇帝权威的公然挑战，丞相、御史大夫等人立刻行动起来，联合弹劾夏侯胜"非议诏书，毁先帝"，丞相长史黄霸因为不肯在奏章上签名，也以"不举劾"的罪名一道上报给了皇帝。于是，他们很快被以"大逆不道"的名义逮捕下狱，判为死罪，等待秋后问斩。

在冰凉血腥的监狱中，夏侯胜不免心灰意冷。他素来性情耿直，不会曲意逢迎，如今不过说了句实话，便受此大辱，想想皇上的寡恩，想想人生的无常，夏侯胜的郁闷可想而知。

事实上，那个什么都没说、什么都没做的黄霸应该更冤，可他生性乐观，似乎一点儿也不在意眼前的一切。他早就知道夏侯胜是个大儒，很想跟他学习《尚书》，只是一直无缘亲近，没想到因意外的灾祸被关进了同一间牢房，他心想："自己身为官吏，但却没有深入研读过经书，原来天天忙工作没有时间，现在时间也有了，而且良师近在眼前，为什么不赶紧补上这一课呢？"

当他向夏侯胜表明求教之意时，夏侯胜不禁苦笑连连，他说："咱们都犯了死罪，明天就要被处死了，现在读经有什么用？"

黄霸说："孔子有言：'朝闻道，夕死可矣。'人应该活在当下，抓住现在，学有所得，心有所悟，今天就是快乐的，何必管虚无缥缈的明天呢？"

夏侯胜听了，精神为之一振，内心大为感动，当即答应了黄霸的请求。从此两个人席地而坐，每天夏侯胜都悉心向黄霸传授《尚书》。黄霸尽心听讲，不懂就问，二人日夜讲学津津有味，研读到精妙处，时不时还抚掌大笑。弄得监狱的看守过来察看，结果是一头雾水，搞不懂两个将死的人为什么这么快乐。

秋天转眼就到了，看到树上的黄叶飘落，有人提醒汉宣帝夏侯胜和黄霸的死期到了。汉宣帝于是派人到囚狱中调查这两个人是否心中哀痛，有悔改之意，回报说他们每天以读书为乐，面无忧色。汉宣帝心中不满，但也感叹二人之贤，不忍杀之，以至此案久拖不决。

虽然身在监牢之中，决意活在当下的夏侯胜和黄霸心无阻碍，没有什么能够束缚他们了。随着时光的流逝，他们的学问研究得愈益精到，思想有了长进，精神更加充实。

两年后的一天，关东四十九个郡突然发生地震，山崩地裂，墙倒屋塌，死了六千多人。对统治者来说，这不仅是自然灾害，而且是上天对世间存在冤狱的警示，汉宣帝不敢怠慢，一边赶紧赈灾，一边宣布大赦天下。夏侯胜和黄霸由此得以出狱，让他们更惊讶的是，他们并没有被逐回老家，而是直接被宣进朝廷，夏侯胜被任命为谏大夫，留在皇帝身边，黄霸为扬州刺史，外放做官。

真是留得青山在，不怕没柴烧，一场意外的地震让两个人获得了新生。后来，夏侯胜以正直博学做了太子的老师，九十岁逝世，为谢师恩，太后为他穿了五天素服，天下儒生都引以为荣。黄霸以精明干练、政绩卓著名扬天下，后来官至丞相，史书评价他，自汉朝建立以来，才能卓异的丞相多多，但论到治理百姓，则"以霸为首"，是要将他排到第一位的。

谁能想到，夏侯胜和黄霸命运的转折点，竟然是牢狱之灾。只是从风光无限的士大夫，一下子沦落成了监牢中的死囚犯，这个转折也太大了点，大得让人难以适应。

一般人可能就此抑郁死了，可他们却懂得人生的意义就是活在当下，从而在黑暗而恐怖的地方，每天都传出了朗朗的读书声。

一个人不可能总能赢，重要的是在跌倒时，自己不要认输。海明威说："一个人并不是生来要给打败的。你尽可以消灭他，可就是打不败他。"在困厄时，只要你选择了坚守，命运的转机说不定就在眼前。用句流行语说，梦想还是要有的，万一成功了呢？

| 赏·品悟 |

从风光无限的士大夫，一下子沦落成了监牢中的死囚犯，即使身处于牢狱，哪怕即将死矣，依然怀着美好的心情坦然面对。一个对生活有着积极心态的人，命运是不会薄情以待的。夏侯胜和黄霸的命运，就是最好的证明。

每日一诵 ·······························

普天乐·愁怀

[元] 张鸣善

雨儿飘，风儿飏。风吹回好梦，雨滴损柔肠。风萧萧梧叶中，雨点点芭蕉上。风雨相留添悲怆，雨和风卷起凄凉。风雨儿怎当？雨风儿定当。风雨儿难当。

| 诵·品析 |

这是一首抒情曲，题作"愁怀"，作者通过一个风雨交加之夜，写环境的凄凉，以自己对风雨的独特感受，曲折地表达自己内心悲怆的愁怀。此曲以风雨起兴，用复沓手法，交错嵌入"风雨"二字，反复咏叹，语意回环，气势贯注，在艺术上很有特色。用"风雨"始终贯串全篇，这在诗词中是大忌，而在散曲中，却是别具一格的文字体式，营造出一种情景交融、一唱三叹的效果，使全曲别有一种音乐的美。

逼到墙角，赢在拐角

文 _ 葛霞　主题词 _ 自强　历练

成功者，则是属于那些被逼到墙角，也要坚持到最后 5 分钟，从而赢在拐角的人。

他出生在北京一个富裕的家庭，父亲是一个煤矿老板，母亲是全职太太，有一个好学上进的姐姐，而他则是一个衣来伸手、饭来张口的少爷。

然而就在他 15 岁时，父亲突患重病，每天的住院费高达近万元，家中的积蓄日日见少。一年后，家中的日子难以为继，父母再三考虑后，沉痛地决定让他辍学，供成绩优异的姐姐继续读书。

直到那一天，他才知道，自己早该结束混世魔王的日子。他才 16 岁，多年少爷的生活使得他没有一技之长，找了好多工作，希望有人聘请他，但是没有一个老板愿意收留他，直到最后才勉强找到一份帮厨的工作。从此，洗菜、配菜、传菜、拖地和清洁柜子成了他生活的全部。累死累活一个月到头，他拿到手的只有微薄的一千多元薪水，想想两年前自己还是每月有着几千元零花钱的少爷，心中一阵酸楚。如今，他还要省吃俭用，把余下的钱留给姐姐做生活费。

一干就是 4 年，转眼间长成 20 岁的英俊青年，他不甘心一辈子窝在后厨。可怜巴巴的薪水难以让家庭富足，而且毫无技术含量的工作，让人看不到希望。于是，他揣着兜里仅有的 1100 元，炒了老板的鱿鱼，来到一家耐克鞋店做导购。

日子不温不火地流走，直到一天，幸运来敲门。那天，他正在给一位顾客仔细介绍鞋子的颜色、款式和

铁匠打铁，最需要具备的是耐力与耐心。人生中没有一蹴而就的成功，一把好弓也要三年时间才能做成。学会坚持学会等待，在漫长的时光中，将自己慢慢打磨、历练，相信，只要功夫深，铁杵磨成针。

质量，裤兜里的电话不合时宜地响起来，掏出手机一看，是一个模特朋友来电，本想打个招呼说忙，就挂断。谁知，接通键一按，模特朋友就在那边着急地说："我今天接了两个活儿，时间无法排开，你身材和形象都不错，你来试下吧。"他一下子愣住了，大脑一片空白，只是机械地在电话这头回答："好，好，好，我记住时间和地点了，你放心。"

直到电话挂断3分钟后，他才着实意识到这是一个改变命运的绝佳机会。他立刻向店长请了假，回到自己的小窝梳洗打扮，隆重准备即将到来的面试。他准时来到面试现场，对方只给了1分钟的演绎机会，只问了一下他的名字，然后就让他走台步。虽然就几步，他却极其认真地走好每一步，即使每一步看起来都不标准，最后也落选了，可是，他的认真和良好的形体给经纪人留下了深刻的印象，特意要了他的手机号码。

这次不成功的面试，让他年轻的心无法安放在耐克导购的位置。他告诉自己，要做模特，要做名模。于是，他买了好多模特入门的书，下载了很多优秀的模特表演视频，下班一回到自己的小屋，就开始修炼。

一周后，幸运之神再次降临，这位经纪人给他打电话，让他来试镜。这一次，对模特行业有了认知的他，在闪光灯下，不再胆怯，努力演绎着他对服装的领悟，他把模特赋予服装的内涵真正地展现出来，终于征服了经纪人，也征服了在坐的评委。面试成功，他得到兼职模特的工作。

他抓住每一次走秀的机会，每一场都给人留下深刻的印象。有一次，他化妆完毕后，一直站着等待自己的演出。一旁的助手说："离上台还有时间，你坐下休息5分钟吧。"他说："我担心一坐下，衣服就会出现褶皱，影响了整体走秀效果"。一旁的经纪人刚好听到他说的话，认定这位对服装和演出如此珍惜的年轻人，坚持下去，成功指日可待。只要有走秀的机会，经纪人首先想到的就是他。

功夫不负有心人。他走成了国内首席男模，走上国际舞台，成了登上国际米兰时装周的第一位中国人，然后又从国际舞台，走向《爸爸去哪儿》，一夜把他推到了荧屏前，他成了80后众多年轻父母的楷模。

他就是家喻户晓，从少爷沦落到帮厨，又从帮厨走向国际名模的张亮。他成了众多媒体追逐的对象，他坦然地说："一个人的成功并不是一朝一夕的。失败者，往往是热度只有5分钟的人；成功者，则是属于那些被逼到墙角，也要坚持到最后5分钟，从而赢在拐角的人。"他的话音一落，就引来热烈的掌声，那掌声蕴含着一种赞美。

一个人的成功并不是一朝一夕造就的。失败者，往往是热度只有 5 分钟的人；成功者，则是属于那些被逼到墙角，也要坚持到最后 5 分钟，从而赢在拐角的人。成功永远属于有准备的人。张亮的成功不是偶然，仅仅抓住机会是不够的，更重要的是他认真、严谨、坚持不懈的工作态度，是这些为他迎来了鲜花和掌声。

好弓三年成

文 _ 苗向东　主题词 _ 认真　打磨

想要成就大事，绝不能急功近利，在任何时候都不能心浮气躁，要耐得住寂寞。

制一把弓箭要多长时间？也许你会说一周，最多十天。可是在宋朝时却要一年，有的甚至三年。其制作过程复杂，所用材料繁多，这已不仅是一种工艺，更是一种工作的态度。

其制如古语说："干也者，以为远也；角也者，以为疾也；筋也者，以为深也；胶也者，以为和也；丝也者，以为固也；漆也者，以为受霜露也。"首重选材，其基本材料有六种，称之为"六材"，"干、角、筋、胶、丝、漆"。制作上好的弓，需要选用上好的木做弓干，另外还有弓两侧装饰的角，缠绕弓身的丝线和外面黏着的动物筋，以及涂的胶和漆，都需要精心配制选择。

从木材来说，《考工记》中注明："干材以柘木为上，次有檍木、柞树等，竹为下。"这些木头的材质坚实无比，任凭推拉也不会轻易折断，发箭射程远，杀伤力大。而且选木的纹理致密平滑，湿度在 8%~10%，木材太干了容易折断，太湿了力量不够。为此，有的木材放在通风阴凉的地方 1 年以上，其湿度才合格。大弓箭必须将十多块不同角度、厚度的木头黏合在一起。这些材料的加工程序有切、锯、刨、打光、粘贴等多种工艺，每道工序都要细致、规范，马虎不得。

再说六材之筋，筋和角的作用都是增强弓臂的弹力，贴于弓臂的外侧，牛筋要小者成条而长，大者圆匀润泽。对于牛筋的年龄、韧性、弹性和制作弓一样在选料上都有着严格的要求。取自牛背上紧靠牛脊梁骨的那块筋。牛筋买回后放在房檐上风干，风干到八九成，用湿粗布把它裹上。接下来是砸牛筋，可放在碾子上碾或者用木锤子砸，力量不能过大，还要慢慢砸，力量太大就把它砸碎了，而慢慢砸可以把它砸劈了。砸完之后可看到筋已被劈成了一条一条的状态。然后一点一点地撕，撕成所需的粗细，最后变成一丝一丝的。撕筋的过程是一个慢工细活。

还有六材之角，即动物角，制成薄片状，贴于弓臂的内侧。一张弓要用两只牛角，且要选用长度在 60 厘米以上的水牛角。六材之胶，用以黏合干材和角筋，即承力之处。以黄鱼鳔制得的鱼胶最为优良。中国工匠用鱼胶制作弓的重要部位，而将兽皮胶用于不太重要的地方。然后是漆，将制好的弓臂涂上漆，以防霜露湿气的侵蚀。一般每十天上漆一遍，直到能够起到保护弓臂的作用。

一张良弓一般要历经两三年才能制成，如此制作出来的弓已是非常成熟的复合弓，弹力大，经久耐用。弓的制作工艺真是非常讲究，在寒冷的天气里奠定弓体；春天浸制角，打磨弓弦；夏天制筋，经过一道道工序，秋天把三者用丝、胶、漆合起来做成弓体，入冬后把弓体放置于弓匣之内以定其形，来年春天再装上弓弦检验，制作一张良弓前后达三个年头。制作一把弓需要上百件专用工具，对 20 多种天然材料进行手工加工，通过 200 多道工序，不抢工期，所以质量好。

为此，北宋大军平定江南，刀枪入库。后来开库，弓箭不腐，胶漆不脱，前后147 年，令人叹为观止。

"板凳需坐十年冷，文章不写一句空。"做学问、做人做事，莫不如此。想要成就大事，绝不能急功近利，在任何时候都不能心浮气躁，要耐得住寂寞。

| 赏·品悟 |

一张看似简单的弓，制作过程却要这么繁复，并且每一个细节都要精益求精。不要小看这些细节，正是这一道道一丝不苟的程序，才会在 147 年后，弓箭仍旧不腐。现在是一个干什么事都讲究效率，都追求快的时代，越来越多的人耐不住寂寞，心静不下来，没有"十年磨一剑"的耐心与毅力，这也正是我们制造出来的产品不能流芳百世的原因，也是我们成不了大器的原因。

大德歌·冬景

[元] 关汉卿

雪粉华①，舞梨花，再不见烟村四五家。密洒堪图画，看疏林噪晚鸦。黄芦②掩映清江下，斜揽着钓鱼艖③。

【注释】①华：光彩、光辉。②黄芦：枯黄的芦苇。③艖（chā）：小船。

| 诵·品析 |

这首小令通过对傍晚郊野景物的描绘，勾画出了饱含着作者无限感慨之情的冬景，曲折地表达了作者向往安宁闲适稳定生活的感情，也表现出元朝文人儒士无限的历世感叹和兴亡之感。全曲境界开阔，层次分明，画面富于立体感，是描绘景物的好作品，从中可感触戏曲大家智慧的光芒。大意是大雪粉白光华，像飞舞的梨花，遮住了郊野三三两两的农家。雪花密密层层地飘洒堪描堪画。看那稀疏的树林上鸣叫着晚归的寒鸦。一条钓鱼的小船正斜揽在枯黄芦苇掩映的清江下。

迷路时就向上走

文_[日] 水谷修　主题词_迷途　方向

痛苦、烦恼、一时迷失方向，这时最要紧的就是向前，勇敢地去拥抱明天，你面前就一定会出现一条新的道路。

最近，许多孩子找到我，希望从我这里得到拂去迷惘、走向明天的助言。他们都是些在人生旅途上遇到挫折，暂时迷失方向的孩子，不愿上学，也不愿待在家，经常彷徨在街头，因而被称为"夜晚荡街少年"。看到他们为过去的挫折和眼前的迷惘痛苦，我也忍不住替他们着急。

我不由回想起自己的青少年时代。从十七八岁一直到四十岁前，我是个登山爱好者，自诩为"登山迷"。登山迷有个尽人皆知的信条："迷路时就向上走！"即使有多年登山经验的登山迷也有迷路的时候，特别是在冬季，前方几乎看不到路。我们登山时赖以凭恃的唯有手中的地图和偶尔发现的系在树枝上的布条，可有些少人攀登的山上，连布条标记也没有。

登山最怕迷路。迷路时怎么办？只有朝着上方继续攀登，在山峰与山峰相连的山脊线上，一定会看到路。此时，如果往下退，弄不好就会坠入深谷，而假使在原地胆怯不前，那等待登山者的只有冻死、饿死或累死！

人生也是一样。痛苦、烦恼、一时迷失方向，这时最要紧的就是向前，勇敢地去拥抱明天，你面前就一定会出现一条新的道路。

我对这些孩子们想说的助言就是："迷路时就向上走！"

通往成功的道路并非是笔直的，我们往往有可能陷入错综复杂的迷途中。这时，有的人会担惊受怕，退回原路，而有的人会选择忍受暂时的困顿迷茫，努力向前，拨开层层缭绕的云雾，一直走向目的地。

| 赏 · 品悟 |

　　人生在世，总会有迷茫之时。允许你无措，允许你彷徨，但不允许你停滞不前。老话说得好："凡事向前看。"有了磨难未尝不是件好事，它不是要你退缩跌入谷底，而是提醒你：向前看，往上走，光明大路就在眼前。

赢家出自心碎坡

文_[美]爱德华·基姆　主题词_赢者　方法

是心碎坡造就了孤独的胜者，而不是大众。

　　波士顿马拉松全长 42.195 千米，前 32 千米的下坡路让其成为世界上设计最杰出的跑道之一。你可能会说"下坡路不是挺好的吗"。然而在第 32 千米，出现了全程的第一个上坡路，叫作"心碎坡（Heartbreak Hill）"。这也是波士顿马拉松拥有世界上最具挑战性跑道的原因之一。当你跑下坡的时候，很容易保持高速，特别是 26 千米处出现的陡下坡。而大多数人不知道的是，为了减缓速度，防止跌倒，大腿的股四头肌仍然像刹车般忙个不停，甚至超负荷运作。快速前进造成了轻松的假象，看似精力充沛，直至你来到了心碎坡。

身体反应

　　当你开始爬坡的时候，会逐渐意识到身体已经耗尽了用于快速转换能量的糖原。此时，选手开始感受到像糖尿病患者血糖降低一般的"低血糖症"症状。你的身体将持续向大脑发送信号：身体已经"没油了"！大脑接收的信号越多，传递信息的神经系统化学成分便越多，从而引起色氨酸分泌飙升。色氨酸一般存在于油腻食品中，比如火鸡、牛奶等，会让人乏困无力。与此同时，身体中触发刺激、动力和愉悦感的多巴胺含量却有所下降，与色氨酸成反比。没有了多巴胺，起跑时清醒的头脑将变得迟钝。而区别于意志力的强弱，你的大脑机能将不断提醒你："我做不到，退出吧，放弃吧。我不可能活着跑完的，休息会儿吧，慢慢来，我的朋友正在餐厅等着我呢！赶紧离开这该死的比赛吧。"我完全理解这种痛苦，因为我也在心碎坡脚下放弃了。

真假领袖

　　心碎坡的位置正是波士顿马拉松赛道设计的高明之处，也是让跑完全程者们感到骄傲的地方。它能把真正的领袖从人群中区别开。当你开始跑的时候，全身上下都非常兴奋。每个人都穿着新鞋子，每个人都为这场比赛买了新衣服。你能看到形形色色的人，分属不同年龄层，穿着打扮各异。任何人都能够参加马拉松赛，但不是每个人都能征服心碎坡。爬了几分钟的坡后，你才意识到前 32 千米谁是领头羊说明不了什么，因为大多数人，将无法爬到最高点。很多人都不知道这才是波士顿马拉松赛道设计的奥秘，它无情地把你挡在了成功的门外。如果你没有事先把心碎坡考虑进你的跑步计划，你怎么可能坚持到最后？

身体条件 + 胜利的决心

毋庸置疑，身体素质对马拉松比赛而言非常重要，但是坚持的意志力才是制胜的关键。在健身房，你无法认清自己是什么水平的选手，在比赛起跑线，你也不知道谁会成为胜者。只有在受到挑战时，才会看到真正的赢家。我参加比赛的那一年，有位来自肯尼亚的选手赢得了比赛。赛后有人问他为何他们国家的人如此擅长跑步，特别是擅长上坡——即使面对的是心碎坡，他们也不会减速。他的回复让我难以忘怀："在我的国家，我们一辈子都在跑上坡路。"在听到或是读到这句话的时候，你想的是否和我一样？你瞧，这就是这名选手与我不同的地方，这也是马拉松的冠军和领袖总是与众人不同的原因。

孤独的赛跑者

心碎坡是这场比赛中最寂寞的路段，也是大多数人放弃的原因。在起点，在前 32 千米中，观众众多，人头攒动。有新闻记者，有摄像机，有观众，还有加油助威的人群。一些公司还会搭起棚子，给选手们发放饮料和水。可是在心碎坡，他们都不见了。支持者不会跟着你跑完全程，总有一阵子，你会面临彻底的孤独。而那个时刻，才是真正的领袖诞生的时刻——不是嘈杂的追随者，不是随波逐流的附和者。伟大、领导力、勇气、品性，这些品质都可以通过后天训练得到，是什么铸造了这些品质，又是如何落实到实际行动中去的呢？不是在众星捧月的光芒中，而是在孤立无援的那一刻。美好的时刻、成功的瞬间可以证明你，但是黑暗的日子却可以定义你。无论你有多无助，这些让人濒临放弃的瞬间都是可以被忍受，更可以被征服的。是心碎坡造就了孤独的胜者，而不是大众。在起跑的时候，你无法想象有那么多人为了争夺领头羊的位置，推推搡搡甚至耍花招。在起跑线上，你可以看到有人在祈祷、沉思、拉伸，但是，起跑线并不造就任何赢家。赢家出自心碎坡。

| 赏·品悟 |

很多人只看到成功之花的明艳，却不曾看到鲜花绽放前所经历的委屈、无奈、失败以及黑夜的煎熬。成功的背后，总要付出别人无法想象的艰辛。最考验人的就是在孤独无助的时候，只有忍常人不能忍，受常人不能受，才能成常人不能成之事。

寄生草·饮

[元] 白朴

长醉后方何碍①，不醒时有甚思②？糟腌③两个功名字，醅淹④千古
兴亡事，曲埋⑤万丈虹霓志⑥。不达时皆笑屈原非，但知音尽说陶潜是。

【注释】①方何碍：却有什么妨碍，即无碍。方，却。②有甚思：还有什么思念？③糟腌：
用酒糟腌渍。④醅淹：用浊酒淹没。⑤曲埋：用酒曲埋掉。⑥虹霓志：气贯长虹的豪情壮志。

| 诵·品析 |

　　这首词写自己不可能忘却个人功名、国家兴亡。既背负着国恨家仇，不愿出仕
新朝；同时已身为亡国之民，又不能投身于抗元斗争之中，自觉已无资格关心兴亡
大事。最后两句讥笑屈原，赞美陶潜，其实也是无奈之语。此曲句句不离饮酒，其
实"意不在酒"，不过是借题发挥以抒写其身世之恨、家国之痛，以表达其对现实
的极端不满而已。

与恐惧同行

文 _[美] 艾德·赫尔姆斯　孙开元编译
主题词 _ 恐惧　前进

要相信在你那无坚不摧的热情和才华面前，就连恐惧本身都会退却、消失。

茨威格说："恐惧是一面哈哈镜，它那夸张的力量把一个十分细小的、偶然的筋肉悸动变成大得可怕、漫画般清楚的图像。"既然我们无能抛却，那么就甘愿接受，与之同行，用自己的方式去迎接。

收到诺克斯学院的演讲邀请时，我得承认：我不知道自己是否是你们希望能给予忠告的人。在我出演的电影里，我扮演的角色总是喜欢出馊主意，却又不长记性。所以我有些紧张，有些害怕，不知道讲些什么才好。

但是后来我想起了自己小时候的经历，我觉得一定要和你们分享。是的，我今天要告诉你们的就是："恐惧是我们的良师。"事实上，我们生活中最有价值、最具启迪性的事情之一，就是"恐惧"。

在我八岁那年，第一次看了喜剧节目《星期六之夜》。这个节目把我看傻了，我根本理解不了里面的笑话，不过还是迷上了里面的热闹场景，而且很想成为节目中的一个角色。随着年龄的增长，我当喜剧演员的愿望越发强烈了。终于大学毕业后，我去了纽约，却找了个电影助理剪辑员的工作。

这不是我的理想，但是我想得开。"我需要挣钱，而且这工作能教会我制作电影的过程，对电影设备有所了解之后，我以后就能拍出自己的喜剧电影。"我一边这样给自己打气，一边卖力地工作。可以说，我干得很在行，不久在纽约一家顶级电影后期制作公司做助理剪辑员，并且在上世纪 90 年代承担了美国"超级碗"橄榄球大赛的一部分广告制作。我在这一领域即将成为专家，在创造性劳动中也获得了极大的成就感。

后来老板对我说：你干得不错，咱们成立自己的公司吧！那时我刚25岁，初出茅庐，就要成为专业剪辑员，雇佣自己的助手；我的收入将翻若干倍，成为电影制作业巨头的诱惑在向我召唤！

然而我的心里却像是揣了个兔子，上下扑腾。我在静静思考之后发现，这只"兔子"就是深深的恐惧。我怕的是什么呢？我在心里向恐惧发问："你为何来我这里？意欲何为？"恐惧回答："不要怕，你其实挺棒的！"我进一步质问，它终于回答："我之所以来你这里，是因为你害怕在喜剧行业里失败。我提醒你，这也正是当年你来纽约的真实原因。"

这对于我来说无疑是当头棒喝，通过深入考问，恐惧为我揭示出了自己的真正理想，成了我人生路上的主要罗盘。我发自内心地感激恐惧，它回答："不客气，这正是我来的目的。"我于是茅塞顿开：如果你允许恐惧的到来，它就会成为你通往成功生活的路途中的一位心灵导师。

我们有必要知道的是，每个人对于成功生活都有自己的定义。也许你想当总统，也许你想将来成为一个优秀的家长，或者更普通的愿望，所有的选择都是一样的高贵。

当我们问自己想要的是什么，这个问题很容易找到答案。但是另一个更具挑战、却能让你豁然开朗的问题，要想找到答案就艰难多了，这个问题很简单：我惧怕的是什么？

明白之后，我一头扎进了纽约喜剧电影这一竞争激烈的"鲨鱼箱"。在你前几次上台时，你会崭露一下头角。你会演得很顺手，那主要是因为你一时的冲劲，而且为演出做了充足的准备。然后你就会第一次出现失败，甚至一败涂地。所有人都会鼓励你："忘掉它吧，你只要坚持下去就会好的。"我觉得很多喜剧演员就是在这一时刻承认自己彻底失败的。

只要你探索新事物的欲望大于满足现状的愿望，你就走在了人生的正轨上。一种勇于发现的生活所收获的，比谨小慎微的生活收获的要无限丰富。

可是你忘不掉，当你在一种你热爱的事业中失败，最让你痛苦的不是你在外在所出的差错，而是你的内在感受，经久难忘。

所以在我选择当喜剧演员时，我又害怕了，十分害怕，因为我为了追寻梦想，做出了人生中的重大改变。但是我已经学会了更深入地探究自己的内心，所以在一次演出结束后我问恐惧："我开始演出了，你觉得如何？"我的恐惧回答："昨晚你在台上演砸了，这很丢脸。所以我想告诉你：不要再上台了。"我随即问了一个更要紧的问题："如果我非要上台呢？"恐惧颤抖了一下，因为它讨厌真相，但最后还是哑着声音说："那样你还会在这里，对吗？即使你再次演砸……你还会在这里。你很幸运，假如你没和我对话，你就不会知道这些。观众的冷淡虽然让你无地自容，但确实是很好的反馈。观众们大笑时说明你演得好，而他们的面无表情对你来说更有价值。一个两天前的笑料在今天晚上还会逗得观众哄堂大笑吗？"

和以前一样，恐惧实实在在地帮助我提高了演技。我有自己在台上表演单口喜剧的录音，在播放收听这些录音时把自己吓了一跳，我听出了自己的声音在微微颤抖，听到了观众们随着剧情而发出的噪音，听出了许多细节。于是我据此做了调整，演出效果更好了，好了很多。如果我没有演砸的时候，没有倾听恐惧点醒我应该关注何处，我绝不会有这样大的进步。

当然，恐惧是不会说话的，是我把它形象化了，给了它一个发言的机会。也就是说，如果你能和你的恐惧保持一个良好关系，它就会告诉你很多宝贵的东西，而不仅仅是害怕。

如果我们的祖先没有恐惧感，我们整个人类也许早就被各种大型野兽给消灭了。但是换个角度讲，如果我们从没认真审视过自己的恐惧，也就不会发明那么多有趣的东西，比如美味汉堡包。我们可以这样说：成功蕴藏在恐惧和发现之间的紧张感中。

所以不要害怕恐惧，因为它会磨炼你、激励你、让你变得更强大；当你逃避恐惧时，你也逃避了一个实现最优秀自己的良机。

今天我再次直面了我的恐惧，我通过它考问自己，明白了在你们开启人生崭新旅程的今天，一个穿着不合身的毕业礼服的所谓名人可以给你们提出一些什么样的有用忠告。

确实，和生活中其他事物一样，你只有经历了恐惧，才能真正理解它。所以，投入地生活吧，拿出一些冒险精神，要相信自己克服困难的能力。

还要相信你的直觉、相信你的热情、相信你的感受、相信你的爱。要相信在你那无坚不摧的热情和才华面前，就连恐惧本身都会退却、消失。

| 赏·品悟 |

"征服恐惧、建立自信的最快最确实的方法，就是去做你害怕的事，直到你获得成功的经验。"任何人都逃避不了恐惧，我们唯一能做的，就是学会与恐惧共存。文中最后一句非常感人，"要相信在你那无坚不摧的热情和才华面前，就连恐惧本身都会退却、消失。"战胜恐惧，与恐惧同行的就是那无坚不摧的意志。

做领袖要学会隐藏恐惧

文 _ 陶杰　主题词 _ 面对　隐藏

做领袖要有此等涵养，喜怒不形于色，不让旁人从你脸上的表情捉摸到底牌。

1990 年，曼德拉出狱。美国时代周刊总裁史定高，为曼德拉写传记，追随出狱之后的曼德拉起居巡察。

有一次，曼德拉与史定高一起乘一架六人乘坐的小飞机在南非上空飞行。

曼德拉看到桌子上有一份报纸，捡过来阅读，不但看，还朗读起来。原来他在狱中许多年单独囚禁，为了磨炼意志，书本和剪报有限的送进来，他都一遍遍诵读。养成的习惯，出狱之后戒不掉。这天机窗外阳光普照，曼德拉念报纸，念到一半，忽然停下来，告诉坐在身边的史定高："你看看窗外，那副螺旋桨引擎是不是坏了？"

史定高站起来一看，引擎果然停了下来，只有另一边那副在动。他大吃一惊，即刻冲进驾驶舱。

机师在驾驶舱里，其实早已察觉，正在紧急滑翔，用风力寻找降落。机师也很紧张，叫史定高回座位坐好，他已通知地面一个机场，叫了救护车和消防车到场应变。

史定高回到座位，告诉曼德拉。曼德拉平静地听完，说：很好。然后拿起报纸，继续朗读。

飞机有惊无险，风力滑翔，顺利着陆。曼德拉像没事一样，与史定高走下飞机。在陆地上登上汽车之后，曼德拉说："刚才在飞机上，我心里其实很害怕，吓死了。"

史定高问他为何能在如此危机里保持这样的从容。曼德拉说，长期的斗争，每天都是险境，生命面临中断，发生过无数次，他早就炼成了一套隐藏恐惧的本领。

史定高说："我以为你无惧，一切都不怕。"

曼德拉说："不，其实我很怕。但要感召千万人，站在他们的前头，枪炮和监狱，拳头和刑具，你心里不论多恐惧，也要摆出一副冷静无惧的样子，不然民众就不会追随你。"

原来，当你装作不怕的时候，往往危机可以化解，尤其当敌人凶猛的时候。诸葛亮在空城上奏琴，亦必此一心情。做领袖要有此等涵养，喜怒不形于色，不让旁人从你脸上的表情捉摸到底牌。曼德拉的勇气，没有什么秘诀，就是这样炼成的。

曼德拉从一个被囚禁27年的"监犯"到一国领袖，也许在他那被监禁的岁月里，已学会了如何用最好的心态去面对恐惧，隐藏恐惧，喜怒不形于色。作者通过文章告诉我们，哪怕在危机时刻，也要学着淡定、从容，化恐惧为勇气，如此，山穷水尽亦是柳暗花明。

每日一诵···

四块玉·恬退

[元] 马致远

酒旋沽①，鱼新买。满眼云山②画图开，清风明月还诗债。本是个懒散人，又无甚经济才③。归去来！

【注释】①旋沽：刚刚买来。②云山：古代常用作隐士居处的代称。③经济才：经世济国之才干。

| 诵·品析 |

这首曲子表现了作者怀才不遇，对当时社会不满的心情。"懒散""无甚经济才"，表面上看似乎是自谦，其实更是反语与讽刺。尤其是"无甚经济才"一句，响彻着与当时社会及传统文化的不和谐的音调，昭示出作者的清高品格。大意是：酒刚刚打来，鱼也是新买来的。满眼的云山像画图一样展开，在清风里和明月下把多年要写的诗写出来。我本来就是懒散自由惯了的人，又没有什么经世济民治理国家的才能。还不如就这样归去吧！

向懦弱宣战

文 _ 文小圣　主题词 _ 克服　锻炼　崛起

人只有战胜自己内心的胆小懦弱，才能使自己变得强大，才能做起事来风雨无阻、勇往直前。

乔治·萧伯纳是举世闻名的英国剧作家、评论家，是 1925 年的诺贝尔文学奖获得者。而且，他不但是一流的大作家，同时也是一流的雄辩家。

可是，谁也不会想到，就是这样一位巧舌如簧、能够舌战群儒的雄辩家，其实之前曾经是一个内向自卑、胆小懦弱的年轻人。他不善于与人交往，甚至害怕与人交谈。他内心敏感，经常会把人际关系想象得很复杂，于是更加害怕与人打交道。可是，他也知道，每个人都不应该没有朋友，否则人生的孤独会让自己痛苦不堪。

有一次，萧伯纳在家里非常烦闷，他很想找个人倾诉自己的心事。于是，他准备去一个住在泰晤士河边的朋友家拜访——说是朋友，其实两人并不是很熟，他们也仅仅是见过几次面而已。但萧伯纳喜欢并且佩服这个朋友的思想和谈吐，一直希望可以与他成为彼此真诚相待的朋友。

可是，当他出发来到这个朋友家门口时，看到朋友家门紧闭，他的内心却无比紧张起来，始终没有勇气抬起手来敲门。

朋友在家吗？我贸然来访，他会不会讨厌我？会不会觉得我是有求于他才拜访他？如果见了他，我该说些什么？我该主动说话，主动提出话题，还是多听听他说什么？如果我说的话题或者我的观点，他不赞同，甚至直接反驳我，我该怎么办？如果话不投机，场面该是多

为什么我们想要做成功一件事会觉得那么难？为什么别人可以轻而易举地获得成功，而我们总要经历无数的失败？因为我们没有失败之后再战的勇气，没有那份力图崛起的信念。人生没有回头路，失败并不可怕，重要的是有重新再来的勇气和信念。

么尴尬啊……

萧伯纳的脑海里就这么激烈地做着思想斗争，内心忐忑不安。于是，他又离开了朋友的家门，走到泰晤士河边徘徊。

算了，还是回家吧，与其可能被人讨厌，还不如不见面。几次在内心中，萧伯纳都这样对自己说。可是，来都来了，又这样回去了，这算怎么回事呢？而且，他也不一定会讨厌我。不行，如果我一直这么胆小懦弱，这辈子怎么可能会有任何成就？我不能这么成为一生碌碌无为的人！我一定要克服自己的胆小懦弱，让自己大胆地站在别人面前，让自己的观点和思想像绚丽的花朵一样，明明白白地在众人面前绽放！

于是，萧伯纳下定决心，重新来到朋友家门前，勇敢地敲响了朋友的家门。事实上，当天他和朋友聊得非常投机、非常开心，完全没有他想象出来的那些问题和尴尬。

那天，萧伯纳彻底认识到了人最大的敌人不是别人，而是自己，人只有战胜自己内心的胆小懦弱，才能使自己变得强大，才能做起事来风雨无阻、勇往直前。

从那以后，萧伯纳想方设法地锻炼自己与人交往的能力，千方百计地提升自己的胆量和勇气。他想到的克服内向、胆小的最好、最实在、最简单的方法，就是在众人面前演讲。于是，他积极地去参加各种辩论团体。经过几次演讲之后，他明显地感觉到自己比以前沉稳、大方多了。可是，消除内心的胆小懦弱并没有这么快立竿见影。有一次，他被要求担任下次辩论会的主讲人，这使得他的内心极为不安，到辩论当天，当他在会议记录簿上签名时，手甚至还抖个不停。他虽然为这次辩论准备了许多资料，但临场时却紧张得没有时间看这些资料。然而，就当他自以为一切都搞砸的时候，他却奇怪地感到没有人发觉他的窘况，大家都在为他精彩的演说鼓掌喝彩。

萧伯纳变得越来越自信，更加积极主动去参加各种辩论会、公开讨论会。凡是伦敦所举行的公开讨论会，他一定要去参加，并且一定会作发言。后来，在将近十二年的时间里，他每隔一晚上，就会到英格兰或苏格兰各地，或在街头，或在礼堂，或在教堂的演讲台上，大胆热烈地阐述自己的信念、自己的思想、自己的观点。在这个过程中，经常会有人故意刁难他，激烈地反驳他的言论。这时候，他会沉着冷静、毫不怯场，慷慨激昂地进行语言反击。他的演讲口才使他的名声越来越大，不断有人邀请他去演讲，而且每次的演讲会场都会听众爆满，会场外总是挤满了无法进场的人。

　　就这样，萧伯纳从一个胆小自卑的年轻人转变成了一流的雄辩家。

　　人生很多事情都是自己吓自己，很多困难都是自己想象出来的。也正是因为这样，所以在很多事情面前，我们止步不前，不敢尝试。我们不应该让胆小和自卑控制自己、左右自己，成为自己走向成功的绊脚石。我们要勇敢地向自己的懦弱宣战，勇敢地走出来面对大众，勇敢地说出自己的观点、自己的想法。一个人，只有首先战胜自己，才能最终战胜别人。

前进一步是成功

文 _ 周礼　主题词 _ 勇气　决心

　　其实，失败离成功只有一步之遥，你退一步就是失败，你前进一步就是成功。

　　曾有一位击剑手，每次比赛总比别人慢半拍，当别人的剑击到他身上时，他的剑还在距别人一步的地方，于是他抱怨说，自己的剑太短，近不了别人的身。没想到他母亲听后淡淡地说："孩子，为什么你不前进一步，那样剑不就变长了吗？"在母亲的启发下，他开始练习近身攻击术，多年后，他成了斯巴达著名的斗士。

　　我们的人生也是这样，很多时候，不是我们的"剑"太短，而是我们缺乏前进一步的勇气。其实，失败离成功只有一步之遥，你退一步就是失败，你前进一步就是成功。初中时，我觉得古文很难学，一遇到"之乎者也"就想退缩，但后来，我鼓起勇气，每天坚持阅读一篇古文，一年后，我不仅能读懂和翻译大部分古文，而且还深深地爱上了古典文学。高中时，我觉得掷铅球很难，因为体育是我的弱项，能勉强及格就不错了，可有一次，体育老师惊讶地说，以你的体能完全可以掷得更远啊！在体育老师的鼓励下，我每天坚持锻炼，摸索掷球的技巧，出乎意料的是，到高三毕业时，我竟然掷出了全班最好成绩……

原来，许多事情并不像我们想象的那么困难，只要你勇敢地往前迈出一步，就会创造出意想不到的奇迹。20世纪初，美国美孚石油公司曾在中国西部打井钻油，结果毫无收获。于是，以布莱克威尔教授为首的一批西方学者断言，中国地下无油，中国是一个"贫油的国家"。但年轻的地质学家李四光却偏偏不信这个邪，他认为美孚的失败，并不能断定中国地下无油。于是他坚定地说："我就不信，油，难道只生在西方的地下？"在这种信念的支配下，他开始了长达三十余年的勘探工作，功夫不负有心人，李四光运用地质沉降理论，成功地发现了大庆油田、大港油田、胜利油田、华北油田和江汉油田。

在《荀子·劝学篇》中有这样一句耐人寻味的话："骐骥一跃，不能十步；驽马十驾，功在不舍。"意思是说，骏马跳一下不会超过十步远，而劣马拉车走上十天，也能走得很远，成功的秘诀不在于优势，而在于不放弃。先天的因素固然重要，但后天的努力更为重要，也许你的资质不如别人，但只要你有"敢把皇帝拉下马"的勇气，有"锲而不舍，金石可镂"的精神，你就会克服自身的短板，找到那把打开成功之门的钥匙。英国著名作家狄更斯算不上是一个聪明的人，也没有接受过正规教育，12岁就辍学当了鞋油厂的学徒，饱尝生活的艰辛与屈辱。但狄更斯没有放弃希望，为了创作出优秀的作品，他平常十分注意体验生活，无论天晴下雨，无论刮风飘雪，他都坚持到街头去观察、去谛听，并记下行人的只言片语。正是因为日复一日、年复一年的积累，才有了《大卫·科波菲尔》中精彩的人物对话，才有了《双城记》中逼真的社会背景，从而使他成为19世纪英国伟大的批判现实主义小说家。

| 赏·品悟 |

在我们走向成功的路上，常常会受到外界一些事物的影响，比如，困难与挫折，名利的诱惑，别人的非议……种种原因，大多数人在中途停了下来，而真正到达成功殿堂的人，屈指可数。因此，我们要想获得成功，就得不畏艰险，锲而不舍，脚踏实地地走自己的路。

山坡羊·晨鸡初叫

[元] 陈草庵

晨鸡初叫，昏鸦争噪。那个不去红尘①闹？路遥遥，水迢迢，功名
尽在长安②道。今日少年明日老。山，依旧好；人，憔悴了。

【注释】①红尘：佛家称人世间为红尘。此指纷扬的尘土，喻世俗热闹繁华之地，亦比
喻名利场。②长安：今陕西西安，汉唐京都，此泛指京城。

| 诵·品析 |

此曲为讽世之作。前三句从时间上状写世人从早到晚，在热闹的名利场争逐；
接着三句，从空间上，状写世人不顾路遥水远，求取功名利禄。前者以"闹"为眼，
后者以"尽"为神，极尽形容，对争名夺利者之憎之恶溢于言表。后几句，写追求
功名之害，劝谕世人弃功名富贵等身外之物，归返自然。"山，依旧好；人，憔悴了"，
意味深长，令人深思。

每个生命都是一种行走

文 _ 雷碧玉　主题词 _ 逆境　坚持

人一生下来，就有一条适合自己的路，关键是你该如何去寻找最适合自己的那条路。

晚饭后，我在小区散步碰见小凯，他微笑含糊地喊了声"阿姨"，便摇晃着身子走开了。

小凯是我的邻居，是个先天性脑瘫青年。在他出生时，因为缺氧导致脑瘫，好心人曾建议他的父母放弃治疗，说即便是有好转也难以像正常人一样生活。小凯的爷爷奶奶也抹着泪，执意要他的父母放弃，再生一个健康的宝宝。望着襁褓中熟睡的小生命，想着十月怀胎的艰辛，小凯的妈妈实在不忍心："既然生下了他，我就不能抛弃他。即便是残疾，他也是一条生命。"

从稍微懂事起，小凯就知道自己和正常人不同，无法盘腿端坐，无法正常说话，行为举止常常是别人的笑柄。每天，已辞去工作的母亲不辞辛劳地帮他按摩、翻身，教他说话。即便是不能发出一个正常音，母亲依旧笑着重复不知多少遍。

"小凯，是不是也想像小朋友一样上幼儿园？"一天外出，看着怀中的小凯紧盯着操场上玩耍的小朋友，妈妈问道。

不会说话的小凯歪着头，依在妈妈的肩上笑了。小小年纪的他并不知道这笑意背后的艰辛，只是每天哭着跟妈妈做那些在普通人看来再简单不过的动作，只为能天天看见小朋友唱歌跳舞的身影。

长大了，看着多数脑瘫病人甘于卧床，小凯苦恼郁闷，也明白了之前父母的良苦用心。他希望选择另一种

成长是一种经历，也是人生必经的一段路程。在路上，也许会连连遭遇挫折，但无论经历历多大的风浪，也要有再继续行走的信念与坚持走下去的信心。找准自己的路，带着梦想，一路前行。

生活，希望能和正常人一样行走说话。为此，他付出了常人无法想象的艰辛，终于可以像现在一样，微笑坦然地行走在街上，终于可以含含糊糊地和你打招呼、说话。

所有人都被小凯感动着，震撼着。我们知道，脑瘫患者能够盘腿坐稳已是奇迹，更别说走路说话了，然而小凯却用行动为我们带来了惊喜，让我们感受到一种不屈服于命运，坚强自信的乐观精神。

在逆境中表现出来的顽强最能打动人的心扉。我想，小凯能抛开世俗的眼光，傲然行走在大街上，不仅仅在锻炼他的身体，更是在锻炼他的自信，内心对生命的执着与热爱支撑着他，在人生的道路上一步步顽强地走下去。

我们知道，人一生下来，就有一条适合自己的路，关键是你该如何去寻找最适合自己的那条路。也许这条路过于平坦，也许这条路充满了荆棘与坎坷，然而奇迹和命运却可以靠自己书写，小凯正是用自己的坚强意志改写了自己的人生。

记得有句话说得好："命运的建筑师其实就是你自己，没有人能够打倒你，真正击败你的便是你自己。"我想，小凯能够坦然行走在大街上，不仅是为了观赏世间的美景，更是为了倾听自己内心深处的声音，那震撼心房的"咚咚"声，代表着一种希望，一种生命的延续。

每个生命都是一种行走，坚持走下去，就一定有希望。

| 赏·品悟 |

成长的路上不缺乏鲜花，也少不了荆棘，有快乐，也有忧伤。只有走过布满荆棘的成长之路，你收获的才是世间最美丽的鲜花。就如本文的主人公小凯，虽是残缺之身，可他的人生并不残缺。他抛开世俗的眼光，傲然行走在大街上，用坚强书写自己的人生。他坚信每个生命都是一种行走，坚持走下去，就一定有希望。

给时光以生命

文 _ 边琼 主题词 _ 时光 生命 渴望

给时光以生命，而不是给生命以时光。

那些年扎根在土里的渴望终于破土而出，带着梦想和希望去远航。

——帕斯卡

八岁之前，我是"面朝黄土背朝天"的熊孩子，整天和玩伴在河北最贫瘠的大地上打滚。村西头几亩田都是我们家的，一眼瞧过去，麦子、胡麻、玉米一茬一茬的怎么都望不到边，母亲被淹没在一片片金黄的麦田里。她是个年轻漂亮的女人，那一刻却和所有趴在土里费劲收割的农妇一样灰不溜秋。暮色四合，她才拖着疲惫的身体把我牵回家，顺手从地里掰几根苞米作晚餐。我爸外出工作，回家的次数屈指可数，不过每当他回来亮出几张明晃晃的红票子放进小红柜里，我就知道，今年的学杂费又有着落了。

我喜欢学习，与其说喜欢，倒不如说不甘心。我父母对孩子的教育极其重视，纵使吃不上饭也要给我买一堆课外读物，注音版的"四大名著"、带插图的诗集童话，让同村孩子眼红不已。他们自小叮嘱我：好好学习才能考上大学，考上大学就等于出人头地。

不过，梦想于我毕竟太遥远。那时我的成绩堪称出色，接连跳级，比大孩子也不逊色。我爸爸终于意识到我需要一个更大的平台，那段时间他几乎天天翻看小红柜，抽烟也变得凶起来。一天，天蒙蒙亮时，我被从睡梦中叫醒，迷迷糊糊地坐上车，看着村子的轮廓渐行渐远，最后变成了一个小点。

后来我才知道，我爸把家里所有的地都卖了，我祖上一溜的农民，这相当于断了祖根。

再到后来，我考上了重点高中，因为写作业需要，家里置办了一台电脑。我的小弟弟呱呱坠地。我看到父母的背仿佛一瞬间被压弯了，可他们为了照顾我的学业，竟然卖掉了房子又陪我在高中附近租房。我突然感到了难以言喻的重量，即便再高的成绩再美妙的文字也无法承受。

高考拿到录取通知书的那一刻，看着上面刺目的学费，我哑然，而后告诉他们

我想直接工作。母亲抽泣着说就算卖鸡蛋捡破烂也要供我上学。

父亲掐灭烟头，"我再贷几万。"

不久，辅导员忽然给我们家打来电话：我是唯一一个没有交回执的学生。他问我们是不是有什么困难，我大致说了一下。他沉默良久，告诉我不必担心，国家政策中助学贷款一年 6000 元且无息，助学金也会有一定补助，如果我足够优秀，奖学金也非常丰厚。生活费他会向学校反映，绝不会让我上不起学。

一家人感动得不知所措，父母一遍遍叮嘱我："穷也能做事情，不见得你比别人穷就帮不了别人，你要好好努力，要知道报恩。"

进入大学后，我像是有使不完的劲头。竞选班长、泡图书馆、做兼职、做志愿者，夜晚在舍友都已经进入甜甜的梦乡时，我还在下面忍着蚊虫肆虐，敲写文章赚取稿费。大一大二马不停蹄地奔跑，获得过"国家励志奖学金"，被评过"江苏省优秀学生干部"。而这么多年来，我的文字终于渐渐得到了认可，江苏省"我的青春故事文学之星"这个称号给予我无限荣光。

那些年扎根在土里的渴望终于破土而出，带着梦想和希望去远航。而在源源不断的爱与关怀中，我终得以不虚度时光。

主人公何其有幸，有这样伟大、值得尊敬的父母。人的一生说长不长，说短也并不短。生命可以不伟大，但一定要发光。要精彩地过每一天，才不枉来人世走一遭。我们用什么来回报父母源源不断的爱，用什么来感恩老天能让我们过这一世？那就是：让蓬勃的生命力贯穿我们所经历的时光，让生活的每一秒都充实无比。

✎ 每日一诵······························

普天乐

[元] 滕宾

柳丝柔，莎茵①细。数枝红杏，闹出墙围。院宇深，秋千系。好雨初晴东郊媚。看儿孙月下扶犁。黄尘意外，青山眼里，归去来兮②。

【注释】①莎茵：像毯子一样的草地。莎，即莎草。茵，垫子、席子、毯子之类的通称。②来兮：为语气助词，相当于"吧"。

| 诵·品析 |

在《普天乐》曲中，开篇极致描写景物之美，柔软的柳枝、如茵的草地、深深的庭院和摇荡的秋千，看儿孙们月下扶犁。"黄尘"句暗用唐代令狐楚《塞下曲》："黄尘满面长须战，白发生头未得归。"指官场上的风尘。最后借"归去来兮"引用陶潜解印归田的故事写出辞官后惬意的生活乐趣。事实上又是对在官与辞官两种不同的生活进行对比，表明自己厌弃官场生活，向往自由的隐逸生活。

所有绝境都必藏生路

文 _ 一路开花　主题词 _ 绝境　不幸　挣脱

所有绝境的悬崖边，都必然会暗藏着一条通往光明的生路。

古语云，天将降大任于斯人也，必先苦其心志，劳其筋骨，饿其体肤……成功的方法有千百种，通往成功的路也不仅有一条，但无论哪一条，都需要全身心地投入与付出，潜心修炼，经过一番劳苦，方能抵达成功的彼岸。

他诞生在美国新罕布什尔州的桑顿乔森林地区的一块贫瘠的土地上。他的出生，似乎就意味着要尝遍世间的悲苦与辛酸。3 岁丧母，7 岁丧父，童年的笑声还不曾透出他的咽喉，他便成为了举目无亲，孤苦伶仃的孩子。

命运将所有的不幸都压在他柔弱的肩膀上。为了生存，他不得不作出比山区里一般的孩子更为艰苦的挣扎。他先是寄人篱下，为了做工，尽管每天工作 14 个小时以上，可仍是吃不饱饭。没有人愿意和他一起，他亦不曾拥有朋友。他每天需要过的生活就是在不停劳动的同时，忍受主人和孩子的嘲弄以及虐待。

为了脱离困苦的生活，为了让自己的身体不再经受摧残，他先后跟从了五个主人，但遗憾的是，情况丝毫没有好转。

14 岁的深夜，他决定要有所突破，要彻底挣脱这种奴隶式的生活。于是，在一个阳光明媚的周日清晨，他仓皇出逃，颠沛许久之后，终于在一家锯木厂找到了工作。无意间，他在工作中得到了一本名为《自己拯救自己》的励志图书，他想，自己也是可以成就一番事业的，因此，忽然意识到了知识的重要性，力图抓紧了一切可以读书的机会刻苦钻研。

和所有孩子不同的是，他的求学经历是个窘迫不堪

的马拉松实验。他一面工作，一面靠微薄的收入来断断续续地上学。从14岁念到23岁，他终于踏入了大学校门。

他知道这一切有多么来之不易，因此，他不肯错过任何一个可以学习的机会。甚至，为了逼迫自己努力读书，他还给自己制定了一系列的苛刻的学习计划。9年后，当同龄人正为前程忙得头破血流的时候，他已经顺利拿下了波士顿大学法学学士学位、奥拉托利会学士学位、波士顿大学硕士学位，以及哈佛医学院博士学位。

同时攻读多个学位的事实并未影响他的收入。毕业前夕，他已经积攒了2万美元，以备创业。17年后，40岁的他成为了旅店业里的一位举足轻重的大亨。

就在事业蒸蒸日上如日中天的时候，天灾人祸接踵而来。连年干旱致使经济萧条，日渐衰落，更要命的是那些对他来说是重要至极的旅店，均在一场场不知名的大火中被夷为平地。倾注了其一生心血的五千多页的手稿，也在大火中消失殆尽。

他没有就此屈服，尽管负债累累。他带着永不改变的梦想来到了波士顿，开始了成功学方面的创作。比起以前，他此时更有资格投身这个神圣的事业。悲苦的童年，40多年的奋斗生涯，传奇的人生经历让他曾站在了人生的最高处，又被抛入低谷。因此，命运的磨难，让他对财富拥有着异于常人的领悟力。

1894年，在他心灵深处沉寂了30年的梦想终于实现。其处女作《伟大的励志书》获得了空前的巨大成功，一年之内便再版11次。截至1905年，仅在日本一国的销量就突破了100万册。

3年后，他义无反顾地创办了《成功》杂志。同样获得巨大成功。单册发行量超过30万册，拥有员工200名。但命运喜欢对他加以捉弄。1911年，《成功》杂志因先产生内部分裂，后得罪权贵而被告上法庭，无奈停刊。他又一次被命运从巅峰抛至谷底，债务缠身。

他仍不曾放弃，于7年之后再次创办了《新成功》杂志。此刻的他，已是步履蹒跚，77岁高龄。直到6年后他谢绝人世，这本杂志还影响着千千万万的忠实读者。

这就是奥里森·马登——全世界公认的美国成功学的奠基人和历史上最伟大的成功励志导师，成功学之父。

如果有人要探寻奥里森·马登的成功秘诀，那么，我想答案一定是因为他比任何人都清楚，所有绝境的悬崖边，都必然会暗藏着一条通往光明的生路。

奥里森·马登，从一个命运多舛的孤儿到美国成功学的奠基人和历史上最伟大的成功励志导师、成功学之父，他的成功之路并不是一马平川，一帆风顺的。他饱尝孤独与艰辛，一次次地被命运"捉弄"，一次次陷入人生的绝境，但他却从未因悲惨的际遇而放弃对人生的积极追求，从未成功停止攀登的脚步。我们总是看到那些成功的人在人前的荣耀，却不曾想到在背后他们到底付出了多大的辛苦与隐忍。

在低调奔跑中摘取文学桂冠

文 _ 罗伟　主题词 _ 坚持　不懈　付出

只要我们怀着一颗不老的心不懈奔跑，总有一天，皇冠也会悄然降落到我们的头上。

爱丽斯·门罗在读大学时发表了第一篇作品，写的是她所在的渥太华这个城市里平静的故事。从此，她开始了创作生涯。她写的大多是她所生活的这个城市小镇中的平民爱情、平凡生活。笔调并不华丽，甚至有些粗鄙，还有些关于"性"的描述。但是，她却是一个严格意义上的"严肃文学"作家，涉及的主题是人性、女权以及生老病死。

20多岁的年龄，她已经吸引到了足够多的关注。首先，是因为她的父亲是镇上颇受欢迎的长者，人们爱屋及乌。其次，她的题材及成就实在能吸引人们的眼球。然而，当她的父亲离世后，一切都在悄悄地发生改变——很显然，人们是因为她父亲而敬重她。人们谈论她时渐渐地由褒奖变成了嘲讽。"写的都是些什么东西？充斥着性的描述。""虽然仍然是写这个镇上的事情，但是，语言却越来越粗鄙了。""是的，真是糟糕透了。"有一天，当地的报纸还刊登了一篇关于门罗的社论。评论写道："爱丽斯·门罗的小说充斥的都是刻薄内省的人生观。其语言粗鄙，人格扭曲，是一个女性作家狭隘人格的自我体现……"

从那一篇社论开始,小镇上的人们几乎无一例外地排斥起她和她的作品来。就连母亲,也对她颇为不满。是的,人们在意的不是她的关于女性、人性的深刻思考,而是在于文字"粗鄙"的表象。

但是,她并没有在意。她说:"我是一个女性作者,我要关注女性的生存状态。我要以女性为切入口,寻找更广大的视野和更深刻的人性思考。我要透过普通女性的平凡生活去展示情感和灵魂的深度。"

她是这么说的,也是这么去做的。既然没有人认同她,她便把自己"关"在家里静心写作。20余岁的她,是个地地道道的"家庭主妇"。"在孩子的呼噜声旁,在等待烤炉的间歇,我陆陆续续地完成了一些重要作品。"这是她在回忆创作历程时说过的一句话。

可不是这样吗?她就是一个平凡的女性,写作也是在平凡琐碎的生活中完成的。不过,她可一点儿也不懒:每天早上六点开始,便开始起床,创作。在做完一些必要的家务后,爱丽斯·门罗便对自己的作品进行润色,并继续创作接下来的故事。在她怀孕期间,她的创作更是达到了"疯狂"的状态:写作,干活,再写作,然后是晚睡、早起……她担心,等孩子生下来之后,自己便不再有那么充裕的时间进行创作了。到孩子上学的年龄,门罗便在孩子出门之后再写作。当孩子回来午睡时,轻微的呼噜声起,她便看着孩子,淡淡地笑。随后,守候在孩子身边,拿出笔和纸……

她是个高产作家。不过,不论她出版过多少著作,镇上的人们依然对她冷嘲热讽。有人说:"一个没出过小城的女人,能有多大的成就呢?"有人说:"像她这样粗鄙的语言,永远不可能夺得文学殿堂的最高皇冠。"

在爱丽斯·门罗简约质朴而又深邃厚重的笔下,的确隐藏着她的一个文学皇冠梦。但是,她只知道奔跑,从未奢望过自己的作品能获得至高的荣誉。因为她觉得,相比于托妮·莫里森,相比于村上春树,相比于其他人,还存在着距离。她只是拼命地写作。她认为,如果一旦停止写作,自己便会疯掉。

从20岁,到80余岁,爱丽斯·门罗"没有一天停止过写作,就像每天坚持散步一样"。她一边在人们的批评声中,一边在孩子们的"呼噜声"和"烤炉声"中坚持创作了60余年。2013年,当年过八旬的她逐渐淡出人们视线的时候,一个令小镇和世人惊讶的消息传来:爱丽斯·门罗获得了诺贝尔文学奖!

已经风烛残年的她，从未想过会在晚年获得如此至高无上的荣誉。这不论对于她，还是对于她所生活的这个城镇都是一个令人意外而惊喜的荣耀。

但是，绝不是"名不副实"。因为，世界上，每一个权威媒体都给予了她最高的评价。《纽约时报》说："被中断的人生、岁月的痕迹、生命的残酷……爱丽丝·门罗达到了无与伦比的高度。"布克国际奖给予她的评语是："每读艾丽丝·门罗的小说，便知道生命中曾经疏忽遗忘太多事情。"吉勒奖给予她的评价是："令人难以忘怀的作品：语言精细独到，情节朴实优美，令人回味无穷。"

爱丽斯·门罗在得知获奖后说道："我一直在奔跑，但未曾想到我会赢。"是的，她拼命地奔跑了一辈子，但是，低调的她从未想过能获此殊荣。不过，世事往往如此：所有的成功与荣耀会在你不经意时悄然到来。我们无须关注太多的得与失，唯独要做的，就是奔跑，是坚持，是坚守。正如这位年过八旬的诺贝尔文学奖获得者爱丽斯·门罗一样，只要我们怀着一颗不老的心不懈奔跑，总有一天，皇冠也会悄然降落到我们的头上。

| 赏·品悟 |

爱丽斯·门罗，从一个充满非议、被人排斥的女作家到摘取诺贝尔文学奖桂冠，这其中有多少的隐忍与酸楚，只有当事人切身体会过。一时的得失并不算什么，只要我们一直坚持不懈地奔跑。正如作者所说，我们无须关注太多的得与失，唯独要做的，就是奔跑，是坚持，是坚守。

水仙子·山斋小集^①

[元] 张可久

玉笙吹老碧桃花，石鼎烹来紫笋芽^②，山斋看了黄筌^③画。酴醾^④
香满把，自然不尚奢华。醉李白名千载，富陶朱^⑤能几家，贫不了诗酒
生涯。

【注释】①小集：小宴。②石鼎：古时石制煎烹器皿。紫笋芽：名贵茶叶之一。③黄筌
（quán）：五代画家，善画花鸟，自成一家。④酴醾（tú mí）：花名，开白花，有浓
香。⑤陶朱：即是春秋时越国大夫范蠡。相传他功成身退，泛舟五湖，后至陶地改名经
商致富，称陶朱公。

| 诵·品析 |

此曲作者欣赏山光水色，抒写个人情怀。作品着力于炼字，对仗工整，字句和美；
融合运用诗、词作法，讲究蕴藉工丽，而且熔铸诗词名句，藉以入于典雅。此曲大意是：
玉笙长吹，吹老了碧桃花，石鼎烹煮采来的笋芽。那时还在山斋里观赏黄筌的山水画。
美丽的酴醾香花手握一把把，这大自然的花赛过那城里的奢华。醉酒的李白留名千载，
豪富的陶朱可有几家？清贫影响不了我快乐的诗酒生涯。

独裁者的女儿

文_谢素军　主题词_创新　竞争

大概是因为种族血液和家庭环境的关系，她天生便争强好胜，做每一件事都渴望获得最大成功。

　　她的父亲是一个独裁者，大概是因为种族血液和家庭环境的关系，她天生便争强好胜，做每一件事都渴望获得最大成功。她说，自己最佩服的人是大唐的武则天，她也要做那个打破传统桎梏的第一人。

　　所以，在西江大学，她对电子工程的独到研究自不必说，更让同学惊讶的是，她的绘画也颇有成就，一度成为首尔的风云人物，只不过，人们更多的是关注她的家族。直到数十年后，当她打破韩国政坛的男人统治，成为"第二个撒切尔"，关于西江大学，关于朴槿惠的画作才再次被人提起。

　　"其实她的画有很大缺陷，"李临国沉重地说，"她不愿意花更多的时间放在基础的训练上，但毋庸置疑的是，她很有灵气，这是一般人没有的优势。"

　　李临国就是她当初的导师，从他口中得知，朴槿惠最擅长画眼睛，她的手法会让一个人物在纸上变活，让人从眼睛中看到无边的深邃，但是，因为训练有限，她画的手总是显得生硬，这个问题是致命的。

　　朴槿惠不会忘记，李临国更喜欢一个师兄，因为他更愿意把时间放在绘画上，甚至是把整个生活埋在画室里。大概是因为勤奋，导师总是对朴槿惠说，你要多向师兄学习，他画的手臂好你千百倍。

　　可朴槿惠认为，师兄太过死板，没有冲灵之气。尽

过分痴迷于竞争，注重结果，是争强好胜的心理作祟。但良性的竞争是激励人们前行的最好路碑。有竞争的比赛，才能充满激情挑战，让人斗志昂扬，色彩斑斓。

· 54 ·

管导师也认同这种观点，但在一次全国的绘画大赛中，导师还是选了师兄，让朴槿惠再锻炼锻炼。

朴槿惠没有就此罢休，她希望能够在这样级别的赛事中证明自己，所以，背着导师偷偷地寄去了自己的参赛作品。

她获得了冠军。而且，没有人认为她的画不是最好的，包括导师在内。谁会想到，在那幅画中，朴槿惠没有画手，严格来说，是用衣袖的飞舞代替了姑娘的双手，使得整个画面显得更加灵动。她赢了，师兄屈居第二。

所以，当朴槿惠终于成为韩国的总统时，业内人士都在议论，她是靠巧妙的手段取得的成功，她利用了女性的优势，忽略了独裁的传统，她用障眼法欺骗了韩国的民众。

那么，她到底会不会成为最后的胜利者，没有人知道，或许在她执政后的一个月、一年、两年后会有所体现，但在下一个关卡，谁又敢肯定朴槿惠不会通过另一种手段得偿所愿呢？

如果叙述到此结束，我想很多人都会或多或少地感到失落，关于朴槿惠，关于西江大学，关于画的故事，其实并没有结束。在第二年的比赛中，同样的级别，同样的评委，朴槿惠虽然在绘画上取得了更大的进步，且终于得到了导师的认可，但是，却未能实现蝉联。

得到冠军殊荣的是朴槿惠的师兄，那个少了点灵气的少年，没想到他竟然能够画出惊世骇俗的作品，引得整个画界为之震动。朴槿惠特意去看了那部作品，上面只有一双手，一双充满魔幻的手，虽然简单，但却足可看见无数个在劳动、在舞蹈、在干各种活儿的人。

这就是留白的魅力，面对朴槿惠的复杂的眼神，那位憨厚的师兄低着头，好不容易吐出一句话，有些手段，不只是你一个人会用。

朴槿惠一定没有忘记这句话，所以她才会在成功中赢得成功。

| 赏·品悟 |

现实中没有一蹴而就的成功，也没有永远的失败。成功与失败只是一纸之隔，关键看你愿不愿意捅破那层薄薄的，被各种规则限定的"窗纸"。

杨澜的"加减人生"

文＿李良旭　主题词＿决策　睿智

这是一道加法，永远不会减去。

央视著名主持人杨澜在一次访谈节目中，笑着把自己的人生比喻为"加减人生"。杨澜的一番话，让大家眼睛一亮，充满了好奇和想象：加减人生，究竟是一种怎样的加减呢？

杨澜说，在我的职业生涯前15年，我一直在做加法。做了主持人，我就又要求自己做导演；做了导演，我又开始写台词；写了台词，我又想做编辑；做了编辑，我又想做制片人。做了制片人，又想，我能不能同时负责几个节目？这样发展才会更全面。负责了几个节目之后，我就又想，能不能办个人频道？

就这样，自己一直在做加法，把自己的人生一直往上加高、加高、再加高，从不曾停顿，一直加到阳光卫视。

人们常说，杨澜真是一个成功人士，会那么多东西。并把我当作榜样和偶像。人们的关注和期望，无形中，使我有了一种压力和动力，我更加用力地做着加法。

有一天，当我站在高高的塔尖，蓦然回首，我忽然发现，我错了，我把加法全做错了。再这样无穷尽地加下去，我怕自己是谁都不认识了。

人生中，我不可能什么都抓住。别人的优势，对我来说，也许并不是强项。优势不可能十全十美。你的优势可能只有一项或两项，只有把一项或两项做好，你的加法就算加对了。

于是我想，我应该做减法了。学会做好人生的减法，更是一种人生的智慧。因为我觉得自己需要一种平衡的生活，我不能再这样只会疯狂地做加法。我把自己定位于：一个懂得市场规律的文化人，一个懂得和世界交流的文化人。

杨澜深情地说道，在做好主持人工作的同时，我希望能够从事更多的社会公益方面的活动。认准一两个目标，把事情做好做精做透，才是最真实的自己。人啊，这一辈子你可以不成功，但是不能不成长。把一两个目标做精做好，就是一种成长。

杨澜从最初希望自己成为一个全才，到只认准一两件事，是经历了一系列失败和教训总结出来的一种人生醒悟和认识。这种醒悟和认识，给人带来一种清风扑面的感觉。丝丝缕缕，沁入心田。

面对人们对她在 1997 年，将自己出版的新书《凭海临风》的 20 万稿费捐给希望工程之后，又以工作经费名义领走了同样数额的费用的质疑。杨澜通过微博澄清之后，质疑声音仍不断。有记者问她这场风波对她是否有影响。杨澜说，如果要说没有那是假的，但是做公益事业出乎本心，坦然得很。今后我还要继续做公益，管它八面来，我只一面去。公益事业是我人生最大的一个目标，这个目标永远不会改变，我只会把它做得更好。这是一道加法，永远不会减去。

杨澜的"加减人生"，使我们看到了一个成熟、睿智的杨澜。她在加减中，加出一个真实、可爱的杨澜；减来一个简约、温婉的杨澜，她就像一个邻家姐姐，是那么亲切、熟悉，散发出俗世里的烟火气，一点也不感到陌生和遥远。

| 赏·品悟 |

一直为人生做加法，无形中就有了更大的压力。正如一个气球若是不断地膨胀，最后便会撑破自己。人生是一道加法也是一道减法，适当地在加法中加出一份真实、可爱，在减法中减出一份简约、温婉，才是人生的赢家。

✎ 每日一诵 ···

中吕·喜春来（其二）

[元]张养浩

路逢饿殍①须亲问，道遇流民必细询，满城都道好官司人。还自哂②，

只落的白发满头新。

【注释】①饿殍（piǎo）：亦作"饿莩"，饿死的人。②哂（shěn）：微笑。

| 诵·品析 |

这支小令所写是作者天历二年在陕西赈灾的情形。"前两句"乃是直书其事，并非自饰之辞。"满城都道好官司人"也不是自诩而是事实。"还自哂"说明作者并未居功自傲，没有因博得一个"好官司人"的名声而满足，而是为不能真正救民于水火之中日夜焦虑着。下文的"白发满头新"的涵意即在此。同时，这里还包含着深深的自责之意。实际上张养浩的确是一个称得上为百姓鞠躬尽瘁死而后已的人，百姓视之为父母官。

成功容易，忽视也容易

文_[美]吉姆·罗恩　陈音编译　主题词_细节　心法

不要忽视去做那些简单的、基础的、"容易的"，但有可能是改变人生的事。

许多时候，决定人生成败的关键往往是一些细微的方面。做一个有心人，对于一些细小的事情也要做到细心与细致，如此，人生定然又是另一个截然不同的景象。

人们经常问我，在那六年时间里，我认识的很多人都没有成功，而我却成功了，我是怎么做到的呢？答案很简单：我觉得容易做的事情，他们觉得不去做更容易；我觉得很容易设定那些能够改变我人生的目标，他们觉得不设定更容易；我觉得阅读那些能影响我的思考和想法的书籍是很容易的，他们觉得不去阅读更容易；我觉得去参加各种课程和讲座，并与其他成功人士打成一片很容易，他们说这也许真的不是那么重要。假如要我概括的话，我会说，我觉得容易做的事情，他们会觉得不去做更容易。六年之后，我成了百万富翁，他们仍然在责怪经济、政府和公司政策，然而，他们却忽视了去做基础的、容易做的事情。

事实上，大多数人没能做到足够好，主要原因可以归纳为一个词：忽视。

让我们变得富有、强大和充满经验所需要的一切，全在我们触手可及的范围之内。为什么很少有人能充分利用自己所拥有的一切？主要原因就是忽视。

忽视就像一种传染病，如果任其发展，它会感染我们的整个纪律系统，最终导致完全击垮一个潜在的充满快乐和繁荣的人生。

不去做我们知道应该做的事情，会让我们感到内疚，而内疚会侵蚀我们的自信。随着我们自信的下降，我们

的活跃程度也会下降，结果也就不可避免地下降。我们的态度就会开始减弱，我们的自信就会愈加下降……如此不断地恶性循环下去。

因此，不要忽视去做那些简单的、基础的、"容易的"，但却有可能是改变人生的事。

| 赏·品悟 |

成功的人为何能成功，因为他们努力做到每一个细节都细致入微，而失败的人之所以失败，原因在于他们总是忽视一些容易的事。忽视一件容易的事情，往往就是造成失败的缘由。所以，许多时候，不要轻视，也不要忽视去做那些简单的、基础的、"容易的"，但却有可能是改变人生的事。

喜欢看云的女孩

文_段奇清　主题词_发现　好奇心

哪怕小小年纪，也能让自己在风云际会中，活出人生的一份精彩来……

她打从出生能打量这个世界起，就喜欢上了看云。她或许很想活得像云彩那样高蹈，那样让人仰望。

那天，吃过早餐后，她打算外出，像平时一样，她又抬头看了一会儿天空中的云，就迈开了游云般的脚步。没走多远，却意外地看见一名阿富汗男孩在垃圾箱中收集垃圾和丢弃的废纸。她的心蓦然一动。

她的爸爸是一位知名的电影制片人，回家后，她请求爸爸拍一部关于这个阿富汗男孩的电影。在听完她的叙述后，爸爸将头摇得像拨浪鼓："你所说的这件事再平常不过了，一点儿价值也没有。"

这时，天空中又有云彩在她头顶上移动，那些云彩刚才还如一条奔腾的河流，可眨眼间就变成一座山峰，突兀嶙峋，摇摇欲坠……她觉得那位阿富汗男孩的遭遇

有如这云彩般的谲异。她收回目光，对爸爸说："如果我喜欢这个创意的话，我可以自己来拍。你只需要给我设备就是了！"父亲被女儿这种敢作敢为的气魄打动了，对女儿说："那么，你可以试一试的！"几个月后，她自编自导的处女作就翩然问世了！

让人没有想到的是，就是这部表现阿富汗流浪儿童的生活、取名为《漫长的道路》的纪录片上映后，引起了极大反响。在德黑兰市举行的第 37 届"罗什德国际电影节"上，感动了所有的评委，一举夺得了最佳电影奖。

这一下，让世界轰动了！之所以如此，大家或许以为是因为她人生中拍出的第一部影片就获得了许多人一辈子都不敢奢求的大奖，或许以为这部纪录片全是她一个人的创意和功劳。这些都是，其实也不是，人们的轰动主要是因为她的年龄小，在拍摄这部影片的时候，她只有 8 岁。

她的名字叫罗米娜·莫哈切克，是一位伊朗女孩。

罗米娜 1998 年出生于德黑兰。在她更小时，父亲在拍摄一部电影中临时需要一名小演员，到处物色人选，就是没有适合的，父亲急得团团转。罗米娜见状，想要为爸爸分忧，说："爸爸，您把角色说给我听，我想我是能够胜任的！"

就是在这次演出中，小罗米娜觉得演电影犹如天上的变幻的云彩一样妙趣横生。一天，她又看云了。她想，这云儿的变幻固然有趣，可又是谁让这云儿变来变去的呢？人生既要像一片有趣的云彩，也要有掌控云之变化的雄心。从此她的精力不仅仅放在演出上，而且梦想有一天自己也像父亲一样能拍摄出一部部很不错的电影来。

父亲对她的想法很赞赏。罗米娜让父亲给自己讲授拍摄电影的基本知识，父亲当然乐意。父亲如果拍摄任务太重没有时间教她，她就自学。就这样，她成了一位目前年龄最小的了不起的制片人。

她的父亲莫森·莫哈切克曾对人说："我花了6到7个月的时间教她学会了整个电影的拍摄流程，我和女儿还一起学习了斯蒂文·D·卡特兹所写的《电影导演入门》这本书，她最终学会了从前期准备到后期制作的整个拍摄过程。"父亲说这话时，自豪之情溢于言表。

不错，罗米娜最大特点，就是有一双善于发现的眼睛。在拍摄《漫长的道路》后不久，她在看一本杂志时，其中有一篇小说一下子让她有了创意。于是，她将这个短篇小说改写成剧本，并拍摄了她的第二部电影——《一个装满友爱的盒子》，这部电影公映后也是好评如潮。

到目前为止，作为一名中学生的罗米娜执导拍摄的数部纪录片和电影短片，已在多个国际电影节和伊朗国内的电影节上获得过奖项。罗米娜还在几部电影中饰演女主角。更让人惊异的是她还担任过39届"罗什德国际电影节"评委。眼下，罗米娜又在拍摄她的又一部极富思想性的电影短片《思想》。

这位天才女孩对自己的成绩一点儿也不满足，因为在她看来，自己或许是一个能对云的变幻"发号施令"的人了，她多次向媒体表示，自己最大的梦想是有朝一日获得奥斯卡奖。在她看来，这一天并不遥远。人们也相信这一天像蓝天中的白云一样，会以轻盈的脚步向她走来。

喜欢看云，在心灵上没有禁锢，对世界充满好奇，而且还有一种观察世界风云变幻的强烈责任感。这样一个人，哪怕小小年纪，也能让自己在风云际会中，活出人生的一份精彩来……

孙悟空一个"筋斗云"便能行十万八千里，我们只是凡人，不能让云载着飞奔。但并非说我们就不能到达云端，只要向着山顶不断攀登，云雾就会被踩在脚下，我们就能领略到最明丽的风景。

✒ 每日一诵 ···

殿前欢·省悟（节选）

[元] 李伯瞻

去来兮！黄鸡啄黍正秋肥。寻常①老瓦盆边醉，不记东西。教②山

童替说知：权休罪③，老弟兄行都申意。今朝溷扰，来日回席。

【注释】①寻常：常常。②教：叫。③权：姑且，暂且。休罪：不要怪罪。

| 诵·品析 |

李伯瞻元初时为蒙古汉军元帅，曾打败抗元英雄文天祥，攻破张世杰、陈秀夫，累立战功。词中写道：回到乡里去吧，金秋时节，林里的黄鸡饱啄禾黍正肥美。常常在老瓦盆边喝得大醉，走路迷迷糊糊辨不清东和西。只好教书童向老弟兄们告罪：请你们别怪罪，了解我的心意，今日打扰了你们，明日一定设酒席回请你们各位。小令把作者"省悟"的内容，即对仕宦生涯的厌弃形象地表现了出来。

不过比别人多问了一句

文_漆宇勤　主题词_积极　留心

仅仅是因为他比别人多问了一句，多想了一点。

这个星期二的中午，刘兴和往常一样站在自己经营的店铺门口的站台前等候公交车。他的店铺正对着站台，每天乘客人来人往的，给小店带来了不少人气和生意。事实上，不仅是刘兴的店铺，整条街的店铺可以说都是因公交车而兴盛的。可不，这条街是个凹型，本来没多少人。但过了没多久，这条街道就成了这个城市最热闹的一条街。原来，因为城市改造，新设的公交总站就在这条街的后面，通过这条街道的公交线路一下子就达到八九条，人来人往一下子就热闹了起来。

这样的地方等车自然很容易。可是，今天刘兴等了快半个小时，却一直不见车来。站台上已经聚集了不少乘客，大家焦急地议论纷纷，却都不知道是怎么回事。过了好久，大家才知道，城西的大桥在一个多小时前开裂了，公交车临时改线，从另外一条街道绕行了。因为没人告知，公交车改道不到半天，附近几个站台都站满了不明就里的乘客。等得不耐烦了，焦急的乘客们就不停地在刘兴店里进进出出。刘兴发现，几个小时内，进店人数比平时多了好几倍。

看到这个场景，刘兴也焦急起来，因为他突然想到，这么多人涌进这条街购物都是因为公交车方便。要是公交车不往这个方向了，乘客们要拐进这个凹街里面来不是也不方便了吗？那样一来，生意自然要受到影响。

要修复一座大桥不是一天两天的事情，这样一来，

实现梦想不是一个短暂的过程，通往成功的路也不会一马平川，也许只是比别人多用心一点，多听一句，多问一句，就会让你离成功更近了些。做个主动的人，带着那份积极与热爱，全身心投入，人生定不会辜负。

这条因公交线路众多而繁荣起来的街道就要冷清一段时间了。因公交线路而繁荣？想到这里，刘兴突然有了想法。他马上打电话到公交公司。在咨询了公交车改线的原因后，刘兴又多问了一句：今后公交车具体怎么绕行啊？公交公司的人告诉他，危桥的修复需要八个月至一年的时间，在这期间，各条公交线路将一律绕行另外一条街道到总站，改线公告因为要经过一定程序，大概在两天后才会发布。

听到这个消息，刘兴放下生意，马上到公交车绕行的那条新路线去察看。他发现，那是一条冷清的街道，因为地段相对比较偏僻，街上的店铺几乎都没什么人气，还有很多店面挂着"出租出售"的牌子。当天下午，刘兴在再次向有关部门电话确认了公交改线以及新线站台设置的情况后，马上在那条街上用极低的价格一口气签下了四个在新设站台附近的店面的一年租期。店面现成，连装修的费用都省去了。

结果，不到一个星期，由于八九条公交线路都绕行至这条街道，人流量增加了好几倍。乘客们为了图方便，有什么要买的东西自然也就是在下车后就近购买，而不愿意再绕回原来的老街了。随着人气攀升，这条街上的店铺生意都迅速好了起来，那些新转让的店铺租金都一下子涨了好几倍。等到醒悟过来的人们纷纷转向公交新线经过的街道花高价租店装修营业时，刘兴的生意已经红火好一阵子了。看着店内店外熙熙攘攘的人群，刘兴知道，最少今后这一年内，自己是有得赚了。

而这，仅仅是因为他比别人多问了一句，多想了一点。

通常情况下，大家在等不来公交车时，很少有人会去打电话询问公交公司原因，更不会询问改线的具体安排。而刘兴去问了，并且比一般人多问了一句，之后迅速从中发现了商机，给自己赢得赚钱的机会。

| 赏·品悟 |

仅仅是比别人多问了一句，就为自己带来了商机，从中赢得赚钱的机会。有时候成功其实也可以来得简单，只要比别人多用一份心，也许一个偶然的机会，就能助你迈向成功的康庄大道。

做自己命运的设计师

文 _ 李红都　主题词 _ 行动　主宰

为什么要把命运交给别人设计呢，你应该做自己命运的设计师。

高中还未毕业，一贫如洗的家便已无力继续供他读书，懂事的他背着父母大哭一场，放弃了考大学的梦想。肄业后，他在家人的建议下依托家门口的关林服装集贸市场做起了服装生意。

进货时一路风尘的劳累，寒冬酷暑中守摊的疲惫，让年轻的他深切地感受到了做生意的不易。两年后，关林镇的服装业开始走下坡路，很多摊主转让了摊位，另谋出路。有人劝他：做生意太辛苦，弄不好，还会赔钱，干脆你也转行吧。他犹豫了：是啊，创业真的挺辛苦，要不，也把摊位转让了，出去打工吧。

他开始把剩余的服装压低价格以尽快出售，同时四处打听，寻找适合自己的用工信息。

那天，一位已考上大学设计系的朋友来家里做客，几杯酒下肚，他忍不住将生意不顺，想转让摊位出去打工的想法说了出来，然后半开玩笑半认真地说："你是搞设计的，帮我设计一下未来吧？"

朋友说："为什么要把命运交给别人设计呢，你应该做自己命运的设计师。你未来要做什么样的人，过什么样的生活，选择哪一行，应该自己来决定。别让眼前的困难迷住了登高远望的双眼，机遇有时恰恰就隐藏在危机里。"

一语惊醒梦中人！对呀，为什么自己就不能把握住自己的命运呢？懦弱无能，这不应该是他的个性。反复思考，感到还是做已熟悉的服装生意更适合自己。他开始调整思路，设计自己的未来。

第二天，他便亲自跑市场进行考察。他发现，市场卖女装的供大于求，而男裤的发展空间则很大。之后，他调整定位，集中火力，做男裤代理。调整定位后，他很快就收回了成本开始盈利。

正当他踌躇满志地要将男裤生意做强做大时，一场突发的事件几乎将他打垮。

那年的冬天特别冷，他到县里进货顶着寒风跑了一整天，回来后把三轮车停在院子里，便进屋吃饭去了。晚上，忙着清点账目，忘了货款和营业执照都放在院里的三轮车上没收进来……就是那一晚，灾难不期而至。

一夜醒来，货款不见了。他像被人当头猛击一棒似的，腿一软，瘫坐在冰冷的地上。要知道，那两万元的货款还是赊欠县里一个裤子企业的呀，这可怎么办呀？看着空荡荡的院子，他欲哭无泪。

冷静下来后，他强打精神找到那个裤子企业的老板说出了货款被偷的事实。为了尽可能地减少损失，他把家里仅有的几千元钱全部拿了出来，先还了一部分货款，然后以自己的人格担保，承诺剩余的货款一定会陆续还上。

他的真诚感动了那位裤子企业的老板，老板答应让他一直做他们的裤业销售。

因祸得福。那场意外没有打垮他，反而使他和那位老板成了最好的合作伙伴。他的裤业生意做得愈发风生水起。

随后，他用从裤业生意当中淘到的第一桶金创建起自己的企业。有了自己的企业后，他依然很辛苦，有时每天仅睡三个小时，吃两顿饭，但在他看来，这不叫辛苦，而是充实。有人说他是工作狂，每天那么忙碌是在透支生命，他却说："我不是工作狂，我是设计师，我在努力设计自己的未来；我也不认为这样是在透支生命，我觉得是在锻炼意志和能力。"

正是凭着这种意志和毅力，他一步一步地将裤业生意做大，最终建成了一个年产量 130 万件的规模化现代服装企业，完成了从 800 元摆地摊起家的小商贩到拥有占地面积 2.8 万平方米、员工 1000 余人的现代化花园式企业董事长的蝶变。

有人向他请教成功的秘诀，他说，我不觉得成功需要什么秘诀，如果说有，那就是我听进了朋友的建议，没把命运交给别人，而是自己想办法设计好自己的命运。

| 赏 · 品悟 |

服装设计师，家具设计师，建筑设计师，平面设计师，每一个行业都有设计师，而我们命运的设计师是我们自己。你未来要做什么样的人，过什么样的生活，选择哪一行，应该由自己来决定。勇敢去追求自己心中的梦，并不懈努力达成那个定下的目标吧。

折桂令·诸葛武侯

[元] 鲜于必仁

草庐当日楼桑。任虎战中原,龙卧南阳;八阵图成,三分国峙,
万古鹰扬①。《出师表》谋谟庙堂②,《梁甫吟》感叹岩廊③。成败难量,
五丈④秋风,落日苍茫。

【注释】①鹰扬:谓勇武如鹰之飞扬。②谋谟:谋划,谋策。庙堂:指朝廷。③岩廊:指朝廷。
④五丈:即五丈原,地名,公元234年,诸葛亮与司马懿对抗于渭水,后病死军中。

| 诵·品析 |

草庐当年连楼桑,任凭狼虎争斗逐鹿中原,卧龙潜藏南阳。八阵图布成,三国鼎立,
威名万古传扬。《出师表》为辅国策划运筹,《梁甫吟》慨叹国运不昌。英雄成败
得失难以衡量,看五丈原秋风萧瑟,落日苍苍茫茫。这首曲实际上借赞美和感叹诸
葛亮来表明自己的理想和信念,以及无限感慨。

学划船先练游泳

文 _ 张珠容   主题词 _ 准备   有备无患

备用方案的价值在于：它不一定直接派得上用场，但它能让我们不担忧，这样，注意力就容易集中在做事本身，就会事半功倍。

不打无准备之仗，每一件事情在实现之前都要做好充足的准备，这样，才不至于在紧急关头乱了阵脚，失了方寸。不要太急于成功，要静下心来，有足够的耐性，一步步攀登，才能到达顶峰。

《庄子》里记载了这样一个小故事：

一个年轻人拜一位老船工为师学划船。一开始，老船工并没有教他怎么划船，而是让他先学会游泳。徒弟不敢有意见，于是乖乖练习游泳，这一练就是半年。

终于有一天，徒弟练得不耐烦了，就问："师父，我是跟您学划船的，您却一天到晚让我学游泳，这是为何呢？"

师父答："你要想学划船，就得先学会游泳。道理在于：如果你不会游泳，那么你在划船时就会担心自己失足落水，一旦有了这个担忧，就难以专心致志地去划船。这样去学，船能划得好吗？"

徒弟顿悟，于是潜心学好游泳再学划船。很快，他成了一名划船好手。

这就是所谓的"有备无患"。徒弟学会游泳之后，对风浪的畏惧大大减轻，便能专心致志地学划船。演讲家在演讲时也一样，他们不一定会照着稿子上面写的去念，但他们一定会拿着稿子，只为求一个心安。

备用方案的价值在于：它不一定直接派得上用场，但它能让我们不担忧，这样，注意力就容易集中在做事本身，就会事半功倍。

作者通过《庄子》中记载的一个小故事，言简意赅地向我们揭示了"备用方案"的价值：它不一定直接派得上用场，但它能让我们不担忧。做什么事情，我们都要有两种准备，一个是必要的准备，一个是担心的准备。正所谓"居安思危，思则有备，有备无患"。

不要太急于成功

文 _ 梁阁亭　主题词 _ 耐心　等待

不要太急于成功，不要违背规律，静下心来，一节一节生长，一步一步攀登，去做最好的自己，成就最高的自己。

我们在生活中有这样的经验，那些时令季节、按照自己物种规律自然生长的瓜果蔬菜甜、香、养人、润心，而那些反季节，打增长剂、膨大剂、增红素的大棚反季节果蔬往往是"驴粪蛋，外面光"、中看不中吃，因为它们已失去草本植物的本性。冬日大棚里的光照再强，也毕竟不是大自然馈赠给植物的旭日阳光。猪肉、鸡蛋也是这个道理，十几年前，一头猪不添加激素和添加剂，用纯粮食喂养一年出栏，一只土母鸡自然放养，吃虫子，昂首阔步，晚上天黑就睡，两三天产一个蛋。现在呢，猪和鸡在转不开身的"囚笼"里圈养，给猪吃大量抗生素和激素，给鸡晚上也头照强光，让可怜的鸡们错把黑天当白昼，一天下一个蛋，甚至更多。结果呢，目光短浅、着急赚钱的人最终害了自己以及子孙，聪明反被聪明误。

有几个美国人看到非洲有些地区缺乏食物，就和几个朋友一起，带着食物飞往非洲。他们惊奇地发现，有一种草竟然在非洲贫瘠缺水的土壤中顽强地生长下来，并且长到了20多厘米高，这简直太不可思议了。一位受援助的非洲妇女通过翻译告诉那几个美国人，这种草叫尖毛草，是非洲草原长得最高的茅草，可它的生长过程却极为特别，在最初的半年里，它几乎是草原上最矮的草，只有三四厘米高，但半年后雨水一旦到来时，却像施了魔法一样，三五天后，便有一米六至两米的高度。原来，在前六个月里，尖毛草不是不长，而是一直在长根部，雨季前，它虽然露头只有20厘米，但却扎根地下超过28米。

做人做事、立言立功其实也是如此。王叔岷是四川大学中文系的毕业生，1941年考入北京大学文研所。他兴致勃勃地到文研所所在地四川南溪县李庄报到，先拜见了所长傅斯年。傅斯年问王叔岷："你想研究什么课题？"王叔岷说："《庄子》。"傅斯年点点头，说："要把才气洗净，三年之内不许发表文章！"也许，在傅斯年心里，只有先做到"三年之内不发表文章"，以后才有可能做到"文章不讲一句空话"，才能成为具有独立思想的人、一个大写的学者。

急什么？王安石笔下的仲永，五岁便可指物作诗，才华出众，但由于自视甚高而疏于勤修，最后只落了个"泯然众矣"的下场，真叫人扼腕叹息。在迪斯尼动画大片《花木兰》中，花木兰的父亲对有些心浮气躁的女儿说："树上开的花，每一朵都是独特的，你可能是最晚开的那朵，可是一定是最漂亮的。"

真的不用太急，给自己一些时间，不要太急于成功，不要违背规律，静下心来，一节一节生长，一步一步攀登，去做最好的自己，成就最高的自己。

| 赏·品悟 |

一个急于成功的人，往往会做出偏离轨道、与意愿背道而驰的事情，而其中也不能避免承担一定的后果。做任何事情都需要付出代价。画家、作家、科学家，乃至生活中的许多"家"，越是迫切地追求成功，反而离成功越远。然而，当静下心来，不刻意、不着急，一步一步地走，成就自己，完美自己，那么，你伸出手，成功自然也会迎向你。

山坡羊·道情

[元] 宋方壶

青山相待，白云相爱，梦不到紫罗袍共黄金带。一茅斋，野花开，

管甚谁家兴废谁成败，陋巷箪瓢亦乐哉①。贫，气不改；达，志不改②。

【注释】①陋巷箪瓢亦乐哉：《论语·雍也》："一箪食，一瓢饮，在陋巷，人不堪其忧，回也不改其乐。"作者以孔子的弟子颜回自比。箪，竹或苇制的盛器。②贫，气不改；达，志不改：《论语·学而》："贫而无谄，富而无骄。"《论语·子罕》："三军可夺帅也，匹夫不可夺志也。"《孟子·滕文公下》："富贵不能淫，贫贱不能移，威武不能屈。此之谓大丈夫。"这两句是上述引文的概括。

| 诵·品析 |

这是一首言志曲，表达出了作者的一片浩然之气，真正达到了"贫贱不能移""富贵不能淫"的境界。不管谁人成败，谁兴帝业，我绝不依附，永葆自由之身。此曲的大意是：青山等待我归去，白云与我相亲相爱。连做梦都不想去升官发财。一间茅屋，四野花开，不管他谁兴谁废谁成谁败，过着清贫的日子自得其乐。贫穷时，骨气不变；富贵了，志向不改。

弯腰捡到 2 个亿

文 _ 倪西赟　主题词 _ 智慧　思考　财富

一枚硬币前，有人昂首走过，有人却弯腰捡起。走过的人一阵风，而弯腰的人，却捡到了 2 个亿！

一枚硬币掉在地上，你会弯腰去捡吗？在网上有这样一个发帖讨论，讨论结果是多数人都不会去捡。因为现在的一枚硬币实在买不到什么，也做不到什么，有没有也无所谓。然而，一位名叫毛利元新的日本人，他真是"见钱眼开"，掉在地上的、排水道的任何硬币，他都捡回来，并为此成立了自己的"捞币"公司。

2012 年 5 月的一天，东京市民毛利元新到岗亭去交停车费。他的钱包里刚好有一把硬币够交停车费的，当他把硬币拿出来交给收费员时，一不小心硬币掉到了岗亭下的排水道里。他看着掉在排水道里的硬币，无奈地摇摇头，因为排水道是用铁锁锁住的。

下班后，毛利元新去停车场开车，办公室到停车场有一段路，他路过每一个排水道，都会下意识地弯腰看一下。他惊奇地发现，很多排水道里都散落着一些闪亮的硬币，毛利元新看到这里眼前一亮：在东京，每天像我一样把硬币不小心掉在排水道里的人应该不在少数吧？如果能把全东京排水道里的硬币都捞出来呢？应该是一笔不小的财富！

说干就干，他利用业余时间做了大量的咨询和调查，发现几乎每个被咨询和调查的人，都有把硬币不小心掉到排水道的经历。东京的行政管辖区域有 2158 平方千米，人口大约为 1300 多万，加上紧密相连的横滨、琦玉、

遵循前人的智慧，一步一个脚印地攀登成功的高峰，是稳妥之道。

但有时候，不按常理出牌，走前人未走之路，也不失为一个达成梦想、获取成功的好方法。

千叶所组成的都市圈人口，将达到 3500 多万人口。在这些人当中，假如有一半人不小心把硬币掉进排水道一次，那么整个东京的排水道将是一个"黄金水道"！

他回到公司，立刻向老板辞了职。经过几天的忙碌，他成立了自己的打捞公司，并拿到了政府颁发的打捞许可证。多数排水道污浊恶臭，而毛利元新却乐在其中。每天，他和他的员工，像一只只快乐的老鼠一样，穿梭在东京的地下排水道里，他一边帮政府疏通排水道，一边捞取排水道里的硬币。一切正如毛利元新所料，经过一年多的努力，他已经成功地从东京的地下排水道里捞出硬币 90 万枚，价值超过 2 亿日元（约合人民币 1200 万元）！获得极大成功的他并不满足这些，他还盯上了大阪、名古屋、横滨等大城市，将在那里拓展自己的"黄金水道"。

一枚硬币前，有人昂首走过，有人却弯腰捡起。走过的人一阵风，而弯腰的人，却捡到了 2 个亿！

| 赏·品悟 |

一枚硬币掉到地上，很多人都不会弯腰去捡。因为在大多数人眼里，小小的一枚硬币实在没有什么价值。但是文章的主人公毛利元新却看到了这一枚硬币背后的价值，及为他带来的商机。一个废弃的机器有可能造出一架新型飞机，一件被丢置的木头可能设计出一件价值不菲的工艺品，屎壳郎也有它存在的价值。千万不要小看任何一件微小的事物，有时候它带来的价值与利润可能大大超出你的想象。

"斜"的智慧

文 _ 赵元波　主题词 _ 智慧　远见　创新

如果按常规方法设计，用不了多少年，这座塔就会被风吹得倾斜，有倒掉的危险；现在设计成倾斜的样子，让风吹它个近百年，塔就正了。

宋仁宗时期，朝廷准备在京师汴梁（开封）东北一座烧毁的木塔的原址上修建一座琉璃面砖瓦式开宝寺塔，当时擅长建筑宝塔和楼阁的著名建筑师，有"宋朝开国以来木工第一人"之称的喻浩被任命为这座塔的设计师。

开封地处黄河岸边，地势平坦，周围没有高大的山脉，一年四季大部分时间里都吹西北风。

喻浩接受任务以后，多次到建塔的现场进行实地考察，结合当地的地势地貌及周围的环境，最终设计出了这座当时京师最高塔的图纸：塔高 59 米，共 13 层，向上逐层递减。

工匠们按喻浩设计好的图纸进行施工。在塔的地基施工的时候，有工匠就发现，西北方向的地基明显比东南方向的低，也就是说，整座塔的地基由东南方向往西北方向呈缓坡状。工匠以为这是喻浩设计时考虑不周出现的失误，于是小心提醒喻浩，喻浩没有作过多的解释，只是让工匠们按图纸施工。

当塔建到第 6 层的时候，这座塔的倾斜已经非常明显，于是工匠们再次提醒喻浩，但喻浩依然没作任何解释，嘱咐工匠继续按图纸施工。

整座塔完工后，经过精雕细刻，这座塔看起来气势恢宏，登塔眺望，京师风光尽收眼底，极目远望可见黄河如带，大地似茵，游人至此，飘然如在天外。美中不足的是，整座塔的塔身向西北方向倾斜，活脱脱一座斜塔。

有人据此怀疑喻浩在整个工程的设计建造中偷工减料，这是一个典型的豆腐渣工程。对此，喻浩是这样解释的：京城地势平坦，没有高山，而且常刮西北风，如果按常规方法设计，用不了多少年，这座塔就会被风吹得倾斜，有倒掉的危险；现在设计成倾斜的样子，让风吹它个近百年，塔就正了。

人们听后，无不为喻浩跳出常规、不走寻常路的设计理念所折服。

一百年后，原本倾斜的开宝寺塔真的不再倾斜，被风吹正了。

一座塔为什么要设计成倾斜的样子，是为了偷工减料？其实是因为地势风候所致，如果按常规方法设计，用不了多少年，这座塔就会被风吹得倾斜，有倒掉的危险；现在设计成倾斜的样子，让风吹它个近百年，塔就正了。这种逆向思维的智慧，值得我们学习。

每日一诵 ·····························

咏 竹

[唐] 杜甫

绿竹半含箨①，新梢才出墙。

色侵书帙②晚，阴过酒樽凉。

雨洗娟娟净，风吹细细香。

但令无剪伐，会见拂云长。

【注释】①含箨（tuò）：包有笋壳。②书帙（zhì）：书套。

| 诵 · 品析 |

这是杜甫赴好友严武家宴饮时同题之作。以"竹"为吟咏对象，托物言志，耐人寻味。诗歌大意是：嫩绿的竹子有一半还包着笋壳，新长的枝梢刚伸出墙外。翠绿的颜色似乎使室内的"书帙"都浸润其中，竹影移过酒樽，酒也顿时觉得清凉。竹经雨洗显得秀丽而洁净，微风吹来，可以闻到淡淡的清香。只要不被摧残，一定可以看到它长到拂云之高。

只有孩子才看得懂的广告

文 _ 张珠容　主题词 _ 角度　艺术

只要你的身高超过 1.35 米，你就看不到这张海报里暗藏的玄机了。

作为精信广告公司西班牙分公司的首席设计师，罗慕洛从来没为设计烦恼过，因为他脑子里的灵感犹如泉涌，从来不曾枯竭。可是，自从接下这个案子，他却接连失眠了好几天。

让罗慕洛头疼的是西班牙儿童及青少年援助基金会，他们想让他帮忙设计制作一张反虐童的公益海报，呼吁人们不要虐待儿童。能为公益奉献一己之力，罗慕洛自然高兴不已，谈妥其他事宜后他就陷入了沉思。罗慕洛觉得，既然是呼吁，针对的对象肯定是所有公民，而不仅仅是儿童。一般的海报对平日习惯虐待孩子的家长来说，可能起不了警示作用，仅仅是呼吁只怕徒劳无功，那就附加一些信息在海报里，比如公布援助基金会的求助热线，直接让孩子受益。

罗慕洛的脑海刚进出这样的想法，就立刻意识到这样做很危险。因为一些成人若看到这样的海报，可能会直接把受虐儿童关起来，阻止他寻求协助，那样，孩子会陷入更危险的境地。

不久发生的一件事情，让罗慕洛从中找到了头绪。

那天晚上，妻子罗莎邀请了几个朋友来家里聚会。晚餐结束后，朋友们围坐在沙发旁边，边看新闻边谈笑。罗慕洛无心和他们聊天，便懒懒地躺在沙发一角。就在他昏昏欲睡之际，突然听到朋友们哈哈大笑起来。原来，电视里播放了一段搞笑视频，他们觉得非常有趣。罗慕

为什么只有孩子才看得懂？咖啡馆又是如何实现『行走』？是视觉的魔术，还是视角的转换？成功需要执着前行，也需要智慧的转向，换个角度观察、思考，世界因此不同。

洛扫了一眼电视屏幕，只看到暗暗的一片，图像非常模糊。难道是眼睛出了问题？他揉了揉眼睛，还是不管用。他立马坐了起来，这回，终于看清了。

原来是高低视角引起的视觉差异，从这件小事里，罗慕洛得到了启发：成人和孩子之间最大的区别就是身高不同，既然如此，他们看海报时的视角肯定也不相同。他觉得，如果设计师以孩子的视角在海报里添加求助信息，成人就不容易看到。

罗慕洛连夜理清了自己的思路，并拟定以一个忧伤男童头像作为海报的主题。第二天，他早早赶到公司，和几个手下一起，运用光栅印刷技术，结合两张图像设计出了一张特殊的海报。海报打印出来之后，罗慕洛将它挂在一面高高的墙上。当公司所有人的视线都朝海报扫过去时，发生了一个奇特的现象——站立的人只看到一个忧伤的男童和一句宣传语："有时候，虐待儿童的行为只有受害者才看得到"；而坐着的人却能看到男童嘴边有一块淤青，以及另一句话："如果有人伤害你，拨电话给我们，我们会帮助你。"这句话的后面，正是援助基金会的求助热线。

"成人坐着，相当于一个儿童站着时的身高。只要你的身高超过 1.35 米，你就看不到这张海报里暗藏的玄机了。也就是说，海报里完整的信息只有通过儿童的视线角度才能看到。"罗慕洛刚解释完，现场就响起了热烈的掌声。

你看到的是悲伤，我却获得求助，多么精妙的设计，这是一个只有孩子才看得懂的广告！结果可想而知，罗慕洛的设计得到了西班牙儿童及青少年援助基金会的大力赞赏。他们坚信，有了这张海报，西班牙的孩子会生活在一个更安全的环境里。

| 赏·品悟 |

你看到的是悲伤，我却获得求助。一张海报，只因视角的不同，得到的信息也不同。因为这是设计给孩子看的，就需要站在孩子的角度上去审视，而人生也有许多事，只因看问题的角度不同，得到的答案也不一样。

行走的咖啡馆

文 _ 佟才录　主题词 _ 转换思维　创新

静静的，只听得见舒缓的音乐在流淌，犹如世外桃源，那感觉好极了。

　　科威尔从澳大利亚墨尔本大学毕业后，和几个朋友一起开了一家咖啡馆。可由于咖啡馆位置偏僻，也没什么鲜明的特色，所以每天来喝咖啡的顾客寥寥无几，生意一直冷冷清清。

　　科威尔忧心如焚，可他又不想放弃。一天，愁闷的科威尔奉父命坐火车去另一座城市看望他的姑姑。在火车的硬座车厢，科威尔坐在一个靠窗的位置，他漫无目的地把目光投向车窗外，窗外的田野树木山峦河流，美丽极了。科威尔忧郁的心情一下豁然开朗起来。

　　科威尔正聚精会神地看着车窗外迷人的风景，忽然，一缕浓郁的咖啡香气飘进鼻孔，科威尔禁不住翕动了一下鼻翼。循着香气，科威尔看到过道对面两个硬座之间的小桌上，静静地放着一杯咖啡，袅袅升起的咖啡香气弥漫了整个车厢。座位上，坐着一位公主般的女孩，她一边端起杯子慢慢呷上一口咖啡，一边悠然自得地欣赏着车窗外的风景。科威尔立刻被这幅优美的画面吸引住了，这是多么温馨、自然、舒适宁静的感觉啊！就在那一刻，科威尔脑中突然闪出一个火花：如果在行驶的车上开一家咖啡馆，生意会不会更好一些呢？科威尔不禁兴奋地为自己的发现叫好，他顾不得去看姑姑，下了车立刻返回墨尔本，策划如何在行驶的车上开咖啡馆。

　　经过深思熟虑，科威尔决定把一辆大巴改成一个能行走的咖啡馆。他购置了一辆豪华大巴，然后请专业人员把这辆豪华大巴内的座椅全部撤掉，更换成一排排卡座，卡座之间放一张长方形橡木条桌，豪华大巴的车尾部分被改成专门的咖啡调制室，有两名专业的咖啡师在调制室内悉心为顾客提供顶级服务。整个大巴布置得温馨而舒适，可容纳二十多名客人。顾客可以在车上一边享用香浓的咖啡，一边随着缓缓行驶的巴士欣赏沿途的街景，放松心情，缓解压力，感受生活。

　　最让人称绝的是，科威尔还和公交公司达成协议，科威尔可以使用公交公司的站牌，在公交站牌底下，挂上他的"咖啡巴士"站牌，人们在上班或下班等待公交车时，

会一眼看到"咖啡巴士"的站牌。"咖啡巴士"的站牌上，画着一杯香浓咖啡的图案，写着行车路线、到站时间、"咖啡巴士"的简介以及每杯咖啡的价格。谁都可以免费乘坐"咖啡巴士"，只要点上一杯咖啡即可，当然这杯咖啡要比一般咖啡馆里的咖啡贵一些。"咖啡巴士"每天按照既定路线，在墨尔本的史旺斯顿街和弗林德斯大街之间往返游弋。因为在这条街上，林立着一些著名的大公司，街上行走的白领多如牛毛。

"咖啡巴士"自"行走"以来，受到广大白领的关注和青睐，他们工作一天下班后，都十分乐意登上环境安静优雅的"咖啡巴士"，一边倚窗喝着香浓的咖啡，一边惬意地欣赏着车窗外的人流、车流和优美的街景，暂时放下一切烦恼，放松心情，释放压力。每一个坐过"咖啡巴士"的人，都说："静静的，只听得见舒缓的音乐在流淌，犹如世外桃源，那感觉好极了。"经过大家口口相传，越来越多的人慕名登上"咖啡巴士"，体验一把在行走的咖啡馆喝咖啡的感觉。体验过后，他们都说："那段短暂的时光，令人回味无穷。"一时间，"咖啡巴士"名声大震，顾客爆棚。

在现今快节奏生活压力下，能一边安静地喝上一杯咖啡，一边欣赏美丽迷人的街景，在都市的忙碌中将自己解放出来，偷得闲暇，放松心情，感受生活，这无疑是一种莫大的享受。科威尔正是从这里看到了商机，并快速抓住了它。

| 赏·品悟 |

一次偶然的机会，让科威尔发现了一个商机，把一辆大巴改装成一个能"行走"的咖啡馆。而这个突发奇想的商机为他带来的利润超乎想象，因此也让他的人生获得了巨大的成功。生活中，时刻都潜藏着商机，就看你如何运用那双精明的眼睛和灵敏的嗅觉，善于发现，并抓住成功的机遇。

每日一诵······

诉衷情

[宋]陆游

当年万里觅封侯。匹马戍梁州①。关河②梦断何处，尘暗旧貂裘③。

胡未灭，鬓先秋④。泪空流。此生谁料，心在天山，身老沧洲。

【注释】①戍（shù）：守边。②关河：关塞、河流。③尘暗旧貂裘：貂皮裘上落满灰尘，颜色为之暗淡。这里借此说自己不受重用，未能施展抱负。④鬓：鬓发。秋：秋霜，比喻年老鬓白。

| 诵·品析 |

这首词虽然没有从正面揭露和谴责南宋投降派，但通过诗人饱含热泪的诉说，不难看到投降派迫害爱国志士的罪行，从而激起读者对他们的愤恨。此篇语言明白晓畅，用典自然，不着痕迹，感情自胸臆流出，不加雕饰，如叹如诉，沉郁苍凉，有较强的艺术感染力，是陆游爱国词作的名篇之一。词的情调体现出幽咽而又不失开阔深沉的特色，比一般仅仅抒写个人苦闷的作品显得更有力量，更为动人。

陶器与纸屑

文 _ 林清玄　主题词 _ 价值　细节

对于一场精彩的电影而言，它周围的黑暗与它是有同等价值的。

在香港的中国百货公司买了一个石湾的陶器。我从前旅行时总是反对购买那些沉重易碎的物品，这一次忍不住还是买了，因为那陶器的造型是一个赤身罗汉骑在一只向前疾驰的犀牛上，气势雄浑，非常生动，很能象征修行者勇往直前的心境。

百货公司里有专门为陶瓷包装的房间，负责包装的是一个讲标准普通话的中年妇人。她从满地满屋的纸箱中找来一个，体积大约是石湾陶器的四倍。

接着她熟练地把破报纸和碎纸屑垫在箱底，陶器放中间，四周也都塞满碎纸，最后把几张报纸揉成团状，塞好，满意地说："好了，没问题了，就是从三楼丢下来也不会破。"

我的石湾陶器本来只有两尺长、一尺高、半尺宽，现在却成为一个庞大的箱子。好不容易把它提回旅馆，我立刻觉得烦恼，这么大的箱子要如何提回台北呢？它的体积早就超过手提的规定了，如果空运，破的几率太大，还是不要冒险才好，一个再好的陶器，摔破就一文不值了。

后来，我做了决定，仍然用手提，舍弃纸箱、碎纸和破报纸，找来一个手提袋提着。从旅馆到飞机场一路无事，但是刚上飞机没走几步，一个踉跄，手提袋撞到身旁的椅子，只听到清脆的一声，我的心震了一下，完

态度决定一切，细节决定成败。许多时候，导致我们失败的原因不是付出的努力不够多，而是因为忽略了一些在我们看来无足轻重的东西。不轻视看似无用的事物，不逃避应该负起的责任，也是决定成功的关键。

了!

我惊魂甫定地坐在自己的座位上，把陶器拿出来检视，果然犀牛的右前脚断裂，头上的角则完全断了。

我非常后悔，后悔没有听包装妇人的话，更后悔把纸箱丢弃。

生命的历程也是如此。在珍贵的事物周围总是有很多看似没有意义、随手可以舍弃的东西，但我们不能忽略其价值，因为没有它们，我们的成长就不完整，就无法把珍贵的东西从少年带到中年，进而成为有智慧的人。同样，我们也不能忽视人生的负面因素，没有负面因素，我们就得不到教训、启发、锻炼，乃至成长。

对于一朵美丽的花而言，它脚下卑贱的泥土是同样珍贵的；对于一道绚烂的彩虹而言，它前面的乌云与暴雨是同样有意义的；对于一场精彩的电影而言，它周围的黑暗与它是有同等价值的。

| 赏·品悟 |

作者由一个破碎的瓷器体悟出，生命的历程总要经历很多看似没有意义的却是不可以随手丢弃的事物或经历，若是忽略了其存在的价值，我们所得到的成长便是不完整的。正如没有一粒尘埃是多余地出现在这个世界上。

承担比真诚更珍贵

文_陈亦权　主题词_承担　态度

真诚肯定是一种可贵的精神，但比真诚更可贵的精神是承担。

20 世纪 80 年代，位于美国西雅图的 UPS 快递公司要招聘一名优秀的送件员，在众多报名者中经过层层选拔后，最后只剩下了一个名叫迈克尔的年轻人和另一个应聘者展开竞争。

次日一早，主考官拿出一个写有收货地址的盒子交给他们，让他们一起把它送出去。两个年轻人都知道，表面上是送货，实际上这是一场较量，所以他们一路上都非常认真和谨慎，生怕出一丝问题。当他们送到目的地后，一个60来岁的老先生走出来签收，他一打开盒子，两个年轻人都傻眼了——里面的瓷器已经碎成好几块！

　　可想而知，老先生拒绝了签收。两个年轻人只能带着这个破瓷器回到了公司。主考官一看这情形，沉下脸来生气地说："你们太不小心了，这可如何是好？你们现在告诉我，究竟是谁把它打破的？"

　　"我们一路上都非常小心，我敢发誓我没有弄坏它……"另一个年轻人一边说着一边把目光投向了迈克尔，主考官也很自然地看向迈克尔，问："那么，是你弄破的吗？"

　　在短暂的沉默之后，迈克尔点点头认真地回答说："是的！是我不小心弄破的，但我觉得这并不重要，重要的是你现在应该立刻给我一个新瓷器，让我给客户送去，至于这个瓷器的损失，我负责赔偿，总之你现在应该立刻给我一个新的瓷器让我送去，以打消客户心里产生的疑虑……"

　　迈克尔说这些话的时候，另一个小伙子不解地看着迈克尔，他不知道迈克尔为什么要把这个严重的错误挑到自己肩上去，而主考官则将信将疑地问迈克尔："你说的是真的吗？"

　　"是真的，这次我一定不会再出错！"迈克尔说。

　　主考官点点头，他取出一个新瓷器让迈克尔重新送去，这次迈克尔圆满地完成了任务，老先生在签收后拿出一封信，让他带回去交给主考官，迈克尔纳闷地把信接过来带回了公司，主考官把信拆开后，这两个年轻人都呆掉了，那居然是一封录用通知书——迈克尔被录用了！

　　原来，那个老先生就是UPS快递公司的老板，而那个破瓷器只是事先准备好的一个道具。"这不公平，我说的是实话，我是一个真诚的人，他反而不是一个真诚的人，为什么录用的不是我反而是他？"另一个年轻人不满地说。

　　"好吧！我把老板的意思传达给你！"主考官说，"真诚肯定是一种可贵的精神，但比真诚更可贵的精神是承担，为了维护公司的利益，有时候甚至要不惜牺牲个人利益，我们希望自己的员工必须具备这样的勇气与品质，不过，事实上公司从来不会让任何一个员工蒙受不白之冤，因为对于把公司利益看得比个人利益还重的员工，公司也会把员工的利益看得比公司本身的利益还重，这是相互的！"

这番话，让另一个年轻人心服口服，只能叹着气离开了，迈克尔顺利成为了公司的新员工。在以后的工作中，迈克尔不仅没有因为他"勇于承担"的精神而失去太多利益，反而还因此得到了更多的晋升机会。没错，他就是如今 UPS 快递公司的最高掌权者——主席兼 CEO：迈克尔·艾斯杰尔。

| 赏·品悟 |

承担一件事情的结果，需要一定的胆识与魄力，不仅只考虑自己的利益，更要顾全别人，这种牺牲自我的精神，不是人人都拥有。文中的主人公迈克尔·艾斯杰尔之所以能从一个小小的送件员最终成为 UPS 快递公司的最高掌权者，就是因为他懂得一个道理：承担往往比真诚更可贵。

✎ 每日一诵 ··

赴戍登程口占示家人（其二）

[清] 林则徐

力微任重久神疲，再竭衰庸①定不支。
苟利国家生死以②，岂因祸福避趋之！
谪居③正是君恩厚，养拙④刚于戍卒宜⑤。
戏与山妻谈故事，试吟断送老头皮。

【注释】①衰庸：意近"衰朽"，衰老而无能，这里是自谦之词。②以：用，去做。③谪居：因有罪被遣戍远方。④养拙：犹言藏拙，有守本分、不显露自己的意思。⑤戍卒宜：做一名戍卒为适当。这句诗谦恭中含有愤激与不平。

| 诵·品析 |

这首七律是林则徐 1842 年途经陕西西安与家人告别时所作。首联写的是"我"以微薄的力量为国担当重任，早已感到疲惫。颔联意思是只要有利于国家，哪怕是死，"我"也要去做；哪能因为害怕灾祸而逃避呢。表达了他旷达的胸襟、刚正不阿的高尚品德和忠诚无私的爱国情操。颈联从字面上看似乎心平气和、逆来顺受，其实心底却埋藏着巨痛，细细咀嚼，似有万丈波澜。表面是感恩之言，实是对道光帝反复无常的讽刺。尾联以戏语劝慰妻子，诙谐之中带有难以掩饰的苦涩。诗人围绕谪戍伊犁展开全篇，于起伏变化之中，充分展现了复杂矛盾的心境。

爆发力与持久力

文_刘墉　主题词_自知　取胜

> 上天把人生得不一样，就要以不一样的方法，
> 去利用自己的长处。

记得我在小学时有一位同学，个子不高，力气却奇大。在桌上比腕力，他几乎所向无敌。

但是后来，有人发现了他的弱点，于是一个告诉一个："跟他比力气，你要拼命撑着，别让他一下子压倒，只要你能不被他按倒在桌子上，撑个二三十秒，再拼命一扳，就能反败为胜。"

果然，只要撑到那一刻，这常胜将军居然就不堪一击了。

记得有一次看拳击赛，评论员说了一番妙语："对付穿蓝裤子的，只要你能在五局之内不被他打倒，就八成能赢了。对付穿红裤子的那个，只要你在八局之内不把他打倒，你就九成要输了。"

那场拳赛真像是交换挨打的比赛，前面几局蓝裤子的拳如雨下，后几局红裤子的占尽优势。我心想，为什么前者不保留一点体力到后面，后者又何不在前面多花点力气？

但是看到结尾，蓝裤子倒在地上，让我想到那位小学同学。我知道他没有错，因为他知道自己是短时间爆发力强的那一类型，对方则启动有限而持久有余，当然要发挥自己的长处，攻击对方的短处。

每个人都有所长，也有所短。短跑的高手，不见得能长跑。马拉松的健将，八成参加百米竞赛，会不堪一

每个人都有自己的长短处、优缺点，人生的路不只有一条，无论哪一种选择，都要学会认识自己，看清自己，善用长处，把握人生的航标，驶往成功的目的地。

击。上天把人生得不一样，就要以不一样的方法，去利用自己的长处。如果你不认识自己，就注定要输。

上天把人生得不一样，就要以不一样的方法，去利用自己的长处。作者通过回忆一个小故事告诉我们，每个人都有自己的"爆发力"与"持久力"，每个人都有自己的短处，也有一定的长处，认识自己，善用自己的长处，在人生的战场上，是决定胜负的重要因素。

学会择木而栖

文_ 廖辉军　主题词_ 选择　智慧

人生征途中，或许我们无法领略大山的风景，而学会择木而栖未尝不是另一种睿智。

从前有位德高望重的老和尚，一天他吩咐身边虔诚的弟子们去寺庙对面山上砍柴回来。众弟子为了好好表现自己，一路跋涉赶着过去。突然一阵狂风暴雨，洪水从高山急流而下，小溪瞬间变成一道大河挡住了去路，无论如何也休想渡河打柴了。于是，垂头丧气的弟子们无功而返，唯独一个小和尚满怀欣悦。老和尚好奇地问道，大家都空手而归，你有什么好高兴的呢？只见小和尚静静地从怀中掏出一个野果，双手恭敬地递给师傅说，过不了河，又打不了柴，既然不能满载而归，也不必因大而失小。这时，师傅责问众人，为何你们就知道对面山上的木柴，却忘记了路边随处可见的野果呢？后来，这位小和尚自然成了师傅的衣钵传人。

世上有走不完的路，也有过不去的河。就是掉头而回，也蕴含超然智慧。事实上，几乎每个人都胸怀远大理想，但能达到成功巅峰的不过少数。真正的智慧，即便得不到那棵硕果累累的大树，与其一生碌碌无为空悲叹，倒不如择木而栖，摘下触手可及真正属于自己的那个"小果子"。纵览中外，大凡胸怀这样一种生活信念的人，最终都实现了人生的突围和超越。但更多的人，总盯着前方的大山或奔腾的河水，往往忽略了身旁路边的果树。

有一家知名外企，急招一名业务主管，由于待遇丰厚，一时应者如云。为展示企业实力，面试官带着所有应聘者到公司里里外外走上一圈，然后欢迎大家逐个谈谈对公司的看法。有不少应聘者就规模、前景、抱负等泛泛而谈，而最后录用的人什么也没说，只因他在参观洗手间时将一只正在滴水的龙头牢牢关好了。像这样的事例不枚胜举，有首流传甚广的欧洲民谣"钉子缺，蹄铁卸；蹄铁卸，战马撅；战马撅，骑士绝；骑士绝，战事折；战事折，国家灭。"说的是18世纪法俄战争的一场战役，拿破仑的一名将军去给自己的战马上马掌。由于铁匠的疏忽，马掌少上了一个钉子，而当激烈的战斗开始后，只因马掌不牢固，战马掉了马掌，战马在战斗中跌倒，而马背上的将军被对方俘虏。将军的被俘导致这场重要战役的失败，这场战役的失败导致了一个国家的灭亡。通过滑铁卢战役中的这个故事，告诉人们无论心中梦想多大，能走多远，决定成败的往往是些身边小事。

正如千军万马挤过独木桥，不如另辟蹊径从小做起，不好高骛远不气馁放弃，大不了打点行装重新出发。人生征途中，或许我们无法领略大山的风景，而学会择木而栖未尝不是另一种睿智。

| 赏·品悟 |

正如文中所说的，千军万马挤过独木桥，不如另辟蹊径从小做起，不好高骛远不气馁放弃，大不了打点行装重新出发。本文用两个小故事告诉人们：任何成功没有捷径可走，路是一步步走的，"不积跬步，无以至千里"，只有做好身边小事，才有可能获得成功。

蝶恋花 · 出塞

[清] 纳兰性德

今古河山无定据①。画角②声中,牧马③频来去。满目荒凉谁可语④?
西风吹老丹枫树。

从来幽怨应无数。铁马金戈⑤,青冢⑥黄昏路。一往情深深几许?
深山夕照深秋雨。

【注释】①无定据: 没有一定。②画角: 古管乐器,传自西羌。因表面有彩绘,故称。③牧马:
指古代作战用的战马。④谁可语: 有谁来和我一起谈谈。⑤铁马金戈: 代指战事,兵事。
⑥青冢: 长遍荒草的坟墓,这里指王昭君墓,相传冢上草色常青,故名。

| 诵 · 品析 |

这首《出塞》是纳兰性德到关外巡察时所写。从整体上来说,气势磅礴,凄婉幽怨,
自然流畅。上片写眼前之景,景象广袤空阔,荒凉凄冷。下片写从前之志无法实现
的幽怨,气势磅礴,纵横驰骋,婉约深沉。面对塞外景象,从写法上看,作者以景
写情,又以情带景,使情与景、形与意融为一体。词中虚实形成对比,手法娴熟而
精到。

有心，万分之一也是你

文_杨海亮　主题词_沉淀　用心

从此，女孩由默默无闻一跃成为大众的焦点。

"如果一个人，靠的是自己的努力和实力，早成名，又有什么不可以？"当读到张爱玲那句坦率得近乎"无耻"的名言"出名要趁早"时，女孩如是想。

女孩是个地地道道的杭州姑娘。母亲曾是当地小有名气的演员，父亲是个画家，在父母的熏陶下，女孩从小就表现出了艺术和表演上的天赋。

中学毕业时，女孩决定走演艺之路。然而，天意弄人，艺术殿堂的大门并没有向她敞开。为了从头再来，女孩只身一人到了北京，租住在一间简陋的平房里复习备考。就这样，苦苦等了3年，也许老天实在不忍心再让这个美丽的女孩再委屈下去，终于让她如愿以偿地迈进了一所戏剧学院的门槛。

青春时代的她，兴趣广泛，阅读、运动、音乐都非常热衷。在校期间，她从不放过任何一个机会去舞台上展现自己。其中，有成功的甜蜜，也有失败的晦涩，而且更多的是后者。不过，在一次又一次的磨炼中，她的功底日益扎实了。

一晃4年过去，走出象牙塔的她，还是和过去一样沉迷于幻想，幻想着有朝一日拥有自己的灿烂星空。然而，毫无背景的她，只能加入庞大的"北漂一族"，常常从一个地方辗转到另一个地方，从一个剧组移换到另一个剧组，不停地试镜、拍戏。

时间在悄然流逝，虽然在电视电影中也出演了一些

一个人若是没有奋斗的目标，就像是没有航标的航船，找不到前进的方向；而有了目标，不懂得规划，也是徒劳无功。时时刻刻专注用心，为自己的未来规划出一张宏伟的蓝图。

角色，有的还是女一号，但终究平平淡淡，声名不扬。

那一年，台湾一位著名导演来内地物色女演员，条件很少：年龄在 19 岁到 23 岁之间，身高 1.64 米至 1.68 米，气质高雅古典。平心而论，这样的要求一点儿都不苛刻。可是，对女孩来说，显然不太符合了。因为这时的她已经 27 岁了，而且她的身高比人家的最大限度还多了 4 厘米。

如果去报名，十之八九是落魄而归；如果连名都不去报，那就意味着完全放弃。犹豫再三，女孩还是尝试着报了名。令她意外的是，她居然一路绿灯，并成为了导演亲自面试的对象。

竞争总是这样，越到最后越激烈，也越残酷。最后圈定的候选人还有 20 多个，她们中不乏天生丽质者，不乏功底深厚者，不乏人气旺盛者，有的还是一线红星。相形之下，女孩也就微不足道了，但她还是尽心竭力地做了准备。

那部将要拍摄的电影，是根据一位作家的同名小说改编的，所以，她通宵达旦地阅读了原著。故事的背景是 20 世纪 30 年代，于是，女孩依照那个时代年轻女性的着装、发型，将一头心爱的长发忍痛剪掉，烫成了齐肩卷发，还特意为自己缝制了一身合体的旗袍。空闲的时候，女孩就学习穿高跟鞋，学习优雅地玩麻将……

面试时，女孩按照原著中女主角的形象，对自己作了一番精心打扮。当身材高挑、穿着旗袍、烫着卷发、已完全把自己当作女主人公进入角色的她出现时，导演眼睛一亮，这种形神兼备的演员不正是自己需要的吗？很快，导演为女孩加试了多种人物造型，她的一举手一投足，都显示出了非同一般的魅力。更让导演认可的是，女孩还就那部小说谈了不少独特的见解。她对女主角的理解深刻而透彻，导演大为激赏。最终，导演在阅尽"尤物"之后，从一万多名应聘的姑娘中选中了她做电影的女主角。从此，女孩由默默无闻一跃成为大众的焦点。

她就是汤唯，中国大陆知名女演员。2006年，她因出演著名华人导演李安执导的电影《色·戒》中的女主角王佳芝而一夜成名。2011年，凭借电影《晚秋》在韩国九度荣获最佳女主角奖，成为韩国最受欢迎的华人女演员。

| 赏·品悟 |

成功总是垂青于有准备的人，汤唯的成名无疑是一个例证。一个简单的道理：只要足够有心，端坐于概率垒就的金字塔顶端的就是你，就算只有万分之一，那个人也是你。

心在眼前面

文 _ 顾文显　主题词 _ 用心　领悟

心眼，心眼，心是必须要摆在眼睛前面的。

张富与成贵打小一同拜在云峰道人膝下学习武艺。

道人管理是很严的。古洞入口五步处分岔，道人独宿东边，俩徒弟共宿西边。早晨，自师傅走出来咳嗽的第一声起，俩徒弟必须爬起来跟随左右，随时听候呼唤，除了吃饭便溲，连打一下瞌睡的工夫都不给；晚上不得到师傅"睡吧"的恩准，俩徒弟必须老老实实地练功……这样，师兄弟俩的武艺长进很快，从师傅的目光中就感受得到。

张富是个很有心计的小伙子，他想，自己是师兄，却没见师傅单独传授他点什么。但师傅不见得不偏向师弟，因此，他不敢马虎，师弟到哪儿，他必然到哪儿，他走一步，也要把师弟带着。俩人如影随形。师傅只道他俩亲如兄弟，还时常夸奖几句呢。

一学五年。师傅说，你们不能像小鸡崽儿似的总护在我胳肢窝底下，该下山走自己的路了。云峰道人带他们俩下山，山下有位许铁掌，是师傅的师弟，道人便让徒弟们轮番跟铁掌师叔过过招。

要出徒了，大弟子张富自然是竭力表现，自己也觉得无论如何也要胜过师弟一筹。可是轮到师叔点评时，许铁掌竟然说，大师兄高足的武艺可以说达到炉火纯青的境界，尽得师傅技艺之精妙；不过若细论，还是这小徒弟成贵领悟得更加透彻，因此，若沙场较真来，成贵才是真正的万人敌！

云峰道人也点头频频："为兄同感。但十个指头伸出来也不一般齐，我可是悉心传授了，因为他俩是我的关门弟子。"

听了师傅的话，张富伤心至极。平心而论，自己的悟性要高出师弟一截，通常有些动脑筋的事，多半都是他已经破解开来，成贵还在憋足劲地苦想；而论毅力，他也胜于师弟，除了牢牢盯住师弟，就是睡觉躺在草铺上，他也一遍遍地重温师傅白天所授，师弟鼾声不起，他从未入梦过……日积月累，那付出自然多出若干，怎么反而不如师弟了？没有别的结论，师傅偏心。他老人家一定是以某种极其隐秘的方式，给师弟吃了小灶！

师傅是如何给师弟小灶吃的呢？张富百思不得其解。

许铁掌当晚热情招待师徒三人。张富只吃了少许东西，就借口不舒服，独自站在庭院一角发呆。这时候，许铁掌带着成贵悄悄走来，劝慰他说："张富，你是不是为师叔白天的点评不满？我说的可是肺腑之言啊。"

"师叔，我不是那个意思。同在山中五年，我敬师傅胜过父亲，师傅他不该给师弟吃小灶。"

"没有啊，"师弟成贵喊冤道，"咱俩天天形影不离……"

许铁掌微微一笑："别争了，听师叔且考张富几个问题。你师傅每天什么时候入睡，什么时候起身，每餐吃几碗饭，你知道吗？"

"师傅每天夜里三更后入睡，鸡叫三遍起身，在洞口站桩站足一刻，而后咳嗽一声唤我俩起来洗漱。师傅早饭、午餐两碗，晚饭一碗。"张富很流利地应答。

"你师傅站桩是何种姿势？用左脚还是右脚？"

"师傅站桩用单足。可能是右脚吧？"

"不对。"师弟成贵抢话道，"师傅虽然三更后卧下，可并不即刻入睡，我躺在干草上，把白天所学重新演练一遍，他那边才响起鼾声，我猜想，老人家是熟思明天给我们上什么功课；师傅哪里是鸡叫三遍，他老人家是鸡叫二遍就醒了，先深吸一口气，然后徐徐呼出，直到鸡叫三遍，才走出'卧室'，喊我俩起来。师傅一吸一呼时间好长，大约一袋烟的工夫，我跟着他吐纳。先前底气不足，根本跟不上，一两年后，才渐渐适应；老人家站桩，单日子用左足，双日子用右足，这时候，我躺在草上，跟着师傅单腿用力，所以最清楚。师傅也不是吃两碗饭，他有肚子疼的病，疼时，他自己盛饭，米是支棱着的，其实最多一碗半；不疼时，由我俩给盛，饭培得很实，顶两碗半哩。"

许铁掌问张富："你怎么没留心师傅这些细节呢？"

"那是师傅自己的事，所以我没往心里去。"

许铁掌哈哈大笑："好一个十指不一般齐。什么小灶，师傅从来没偏过心！倒是你张富的心偏在了师弟身上，总怕他超过你；而师弟的心贴在师傅身上了，因此师傅的一举一动全融化在他心里了。你多是用眼睛学，师弟是用心去体会，结果还用我说吗？"

老话讲得对，心眼，心眼，心是必须要摆在眼睛前面的。

| 赏·品悟 |

心眼，心眼，心是必须要摆在眼睛前面的。眼睛是心灵的窗户，有心，便看得见真理，寻得见通往成功的道路。用"眼"学，不如用"心"学。成功从来不会为任何人开"小灶"，关键在于你是否开了心眼。

浪淘沙令·伊吕两衰翁

[宋] 王安石

伊吕两衰翁，历遍穷通①。一为钓叟一耕佣②。若使当时身不遇，老了英雄③。

汤武偶相逢，风虎云龙④。兴王⑤只在笑谈中。直至如今千载后，谁与争功！

【注释】①穷通：穷，处境困窘；通，处境顺利。②钓叟：钓鱼的老翁，指吕尚。耕佣：指曾为人佣耕的伊尹。③老了英雄：使英雄白白老死。指伊吕二人若不遇汤文二王，也就终老山野，无所作为。④风虎云龙：此句将云风喻贤臣，龙虎喻贤君，意为明君与贤臣合作有如云从龙、风从虎，建邦兴国。⑤兴王：兴国之王，即开创基业的国君。这里指辅佐兴王。

诵·品析

这是一首咏史词，歌咏伊尹和吕尚"历遍穷通"的遭际和名垂千载的功业，以抒发作者获得宋神宗的知遇，在政治上大展宏图、春风得意的豪迈情怀。表面上看，全词写的是伊尹、吕尚（姜尚、姜子牙）的故事，实际上是在用典寄志，委婉地抒写个人的理想和抱负。寄托自己要直追先贤甚至超越先贤，建立千秋功业的远大政治抱负。全词通篇叙史论史，实则以史托今，蕴含作者称赞明君之情，布局巧妙，令人回味无穷。

换一种思维更重要

文 _ 虎啸星宇　主题词 _ 转换　思维

当一个人形成了某一种深蒂固的习惯方式之后换一种思维是非常重要的。

一个木匠，造一手好门，他花了多日给自家造了一个门，他想这门用料实在、做工精良，一定经久耐用。

后来，门上的钉子锈了，掉下一块板，木匠找出一颗钉子补上，门又完好如初。后来又掉下一颗钉子，木匠就又换上一颗钉子；后来，又一块木板朽了，木匠就又找出一块板换上；后来，门拴损了，木匠就又换了一个门拴；再后来门轴坏了，木匠就又换上一个门轴……于是若干年后，这个门虽然无数次破损，但经过木匠的精心修理，仍坚固耐用。木匠对此甚是自豪，多亏有了这门手艺，不然门坏了还不知如何是好。

忽然有一天邻居对他说："你是木匠，你看看你们家这门？"木匠仔细一看，才发觉邻居家的门一个个样式新颖、质地优良，而自己家的门却又老又破，长满了补丁。于是木匠很是纳闷，但又禁不住笑了："是自己的这门手艺阻碍了自己家门的发展。"于是木匠一阵叹息："学一门手艺很重要，但换一种思维更重要，行业上的造诣是一笔财富，但也是一扇门，能关住自己。"

当一个人形成了某一根深蒂固的习惯方式之后换一种思维是非常重要的。成功的基本原理大多是有共性的，是没有国界的。为了自己不被国家的界限封闭，为了不被"行业上的造诣"关住自己，为了使自己的视野更加开阔，我们需要敞开心扉，需要交换彼此的观点。这样，

人生是一个不断寻求的过程，故步自封只会让自己原地踏步，别让自己的长处阻碍了自身的发展，换一种思维去思考，也许生活会攀上另一个更高更美好的层次。

我们才能知道我们的优点所在以及与他人的差异与差距，并在寻找与弥补差距的过程中完善自己。

| 赏·品悟 |

　　学一门手艺很重要，但换一种思维方式更重要，行业上的造诣是一笔财富，但也是一扇门，能关住自己。作者通过木匠的故事告诉我们，一味地停留在一个既定的时刻，不愿去接受改变事物的能力，很可能会被"物竞天择"的自然法则而最终淘汰。是时候改变自己，拿出勇气，尝试着另一番创造。

致命的足丝

文_漆宇勤　主题词_思辨　意识

在生活的法则里，从来没有永远的长处或者优势，也没有永远的安全。

　　在我国北部沿海内湾海域自低潮线附近至水深 10 米左右的海水里，暗流涌动、暴风雨肆虐，几米高的大浪无情地拍打着一切，连坚硬的岩石都被侵蚀得千疮百孔。然而，就是在这样恶劣的环境中，却大量生长着一种体长仅三四厘米的生物——贻贝。尽管环境如此恶劣，但贻贝却在这里生活得很安稳。它们抵御风浪的秘密武器是一种叫足丝的东西。

　　一旦发现合适的栖息地，贻贝就会从身体内分泌出一种足丝附着在岩礁、木桩等物体上。之后，除非周围的环境已经不适宜生存，否则贻贝不会再移动，过着几乎固定不动的群集生活。这种神奇足丝的坚韧足以让贻贝附着在任何湿滑的表面，顽强地一动不动。在波涛汹涌的大海里，他们正是依靠这种结实柔韧的足丝来固定自己的栖息地。同时，这种足丝有时候还能充当武器，困死贻贝的天敌——例如橡子织纹螺。一旦橡子织纹螺进入了贻贝群体之中，周围敏感的贻贝就会喷出足丝，将橡子织纹螺牢牢固定住，让其在一大群贻贝的中间动弹不得，慢慢饿死。

可以说，足丝是贻贝赖以生存必不可少的一种重要工具。然而，更多的时候，也正是这种让贻贝足以抵御暴风雨攻击的重要工具，让贻贝在遭受橡子织纹螺等外敌攻击时无法逃避，只能等死。当外敌临近时，贻贝可以清楚地感觉到，并且躁动不安、心跳加速，但是无法逃离。它们被自己坚韧的足丝附着在石头或者其他基体上，只能束手就擒。在长达数天的攻击中，橡子织纹螺爬到贻贝的壳上开始攻击，钻孔、分泌液体，贻贝的心跳越来越快，却只能忍受着这种钻心的疼痛和攻击。在两天的不停折磨下，贻贝被钻透外壳；然后接下来的两天，贻贝被敌人分泌的消化液一点一点溶化，它甚至可以清楚地感受到橡子织纹螺吸食自己体液的折磨，直至死亡。

对于贻贝来说，生也足丝，死也足丝，最重要的能力成了最致命的缺陷，为了让自己在风浪中固定而不断加强足丝的附着力，同时却也将自己置于了明知危险临近而无法逃避的处境。对于橡子织纹螺来说，也是一样。足丝让它对贻贝的捕食显得轻而易举，但有的时候，如果橡子织纹螺不慎进入了贻贝集群中间的话，贻贝的足丝却足以让橡子织纹螺困死在一大堆的食物中间。原来，在生活的法则里，从来没有永远的长处或者优势，也没有永远的安全。最致命的，往往就是我们最自鸣得意和最不注意的。

| 赏·品悟 |

在生活的法则里，从来没有永远的长处或者优势，也没有永远的安全。所以，要记得用你的长处来保全自己、展现自己，谋取必要的生存资源。但是与此同时，一定要注意千万别让自己的长处捆住了自己的手脚，最终困死自己。

破阵子

[五代] 李煜

　　四十年来家国，三千里地山河。凤阁龙楼连霄汉[①]，玉树琼枝作烟萝[②]，几曾识干戈[③]？

　　一旦归为臣虏，沈腰潘鬓消磨。最是仓皇辞庙[④]日，教坊犹奏别离歌，垂泪对宫娥。

【注释】①凤阁：别作"凤阙"。凤阁龙楼指帝王的居所。霄汉：天河。②烟萝：形容树枝叶繁茂，如同笼罩着雾气。③识干戈：经历战争。识，别作"惯"。干戈，武器，此处指代战争。④辞庙：辞，离开。庙，宗庙，古代帝王供奉祖先牌位的地方。

| 诵·品析 |

　　这是李煜降宋之际的词作，上片写南唐曾有的繁华，不曾经历过战乱的侵扰，以写景来歌颂与礼赞作者心中的祖国；下片以写实的笔法描写出这三千里山河的美丽国家顷刻覆亡，写出国破的惨状与凄婉。中间用"几曾""一旦"二词贯穿转折，转得不露痕迹，却有千钧之力。悔恨之情溢于言表。全词由建国写到亡国，极盛转而极衰，极喜而后极悲，看似只是平平无奇的写实，却饱含了对故国的留恋与亡国的悔恨之意。

用二十载铸造传奇

文 _ 张云广　主题词 _ 时间　锤炼　磨砺

他身上那种敢说敢拼、敢付出、敢坚持、敢挑战和敢做最优秀自己的"小藏獒"精神无疑为他的成功提供了巨大而持久的推力。

在中国乃至世界乒坛史上谁是在最短时间内收获世乒赛、世界杯和奥运会男子单打金牌大满贯的风云人物？

答案当然是乒坛新贵——张继科。1988 年出生的张继科赢得大满贯历时一年零三个月，但他的乒乓球之路却可以追溯到遥远的二十年前。

1992 年，年仅四岁的张继科就挥动着稚嫩的臂膀划出坚定的弧线开始了自己的乒乓球之路。为了儿子的前程，他的父亲，身为乒乓球教练的张传铭毅然把仅有的两间居室中的一个大房间腾出来作训练场地用。由于那时候的张继科年纪小、身高不足，张传铭就让他站在垫高的木板上学习打球。

赢在起点。这个起点就已经具备了正规训练的性质而全无业余的色彩。每一天，张继科的父亲都为儿子制定严格而科学的训练计划，必须完成要求后方可结束，而且一年之内除去大年初一这一日外几乎每天都是如此。值得一提的是，小继科总能从枯燥反复的训练中找到乐趣，乒乓球已经注定是他人生中不可或缺的一个重要组成部分。

为了与张继科不断提升的球技水平相匹配，后来训练场所由居室转移到了一个更高的平台——青岛第二体育场，张继科也因此进入了一个新的发展机遇期。

在此期间，每日父亲下班后都会带着放学的他来这

成功的过程是备感艰辛的，也许需要经历一段非常漫长的时间，时间是最好的考验方式，可以磨炼一个人的意志力，也可以磨砺出更坚定的信念，用时间铸就传奇。

里训练，虽然是"编外人员"，张继科的训练量并不比正规的体校运动员小。父子二人虽然偶有龃龉，但张继科对乒乓球本身热度不减，也从不抱怨。在父亲一如既往的高标准、严要求下，视乒乓球为第二生命并为之倾注全力的张继科的球技与日俱增，获得的奖项也接连不断。七岁开始参加青岛市比赛，除去第一年外每次参赛都是第一名。到十岁左右时，张继科已经具备了打赢父亲的实力。

热爱是最强的动力，成绩是最好的激励。信心越来越满、前进势头不减的张继科十二岁入选山东省队，十五岁入选国家一队。在乒乓球领域远超同龄人的不俗作为让他这一路走来可谓顺风顺水。

人无豪情枉少年。刚进国家队时的张继科就表现出了他不同寻常的青春锐气。当被问及人生第一目标时，张继科毫无掩饰地亮出了自己的凌云壮志——拿到奥运冠军。他是当年进入国家队的人中唯一一个这样回答的人。支撑他这一激情对答的是扎实的功底、勤奋的品质和勇于争先的笑傲情怀。

2008年11月，全国乒乓球锦标赛，一路过关斩将、冲劲十足的张继科拿到了人生中的第一个单打全国冠军，这对向来都不乏高手的中国乒坛而言无疑是一件很了不起的事情。2011年5月，荷兰鹿特丹第五十一届世乒赛，他又取得质的突破，收获了属于自己职业生涯中的第一枚男单世界冠军，至今球迷们还记得他当时获胜后撕裂衣服、赤裸上身庆祝自己夺冠的豪迈情景，这一情景也将永载乒坛史册。而他也的确属于技巧兼力量并重型的乒坛高手，这在以重技巧为核心理念的乒乓球界是不多见的。无所畏惧、迅猛出击是其打球的一大风格，一如其性格。对此，刘国梁主教练有过一个精妙的比喻——不管遇到老虎还是豹子都不会后退的"小藏獒"。

张继科堪称乒乓球队体质最佳的运动员，这在很大程度上得益于他年幼时的训练。在他很小的时候，他的父亲为其制定的训练大纲中就包含了力量科目的训练内容，如练蛙跳、跨跳、单腿跳以及跑步等，这些为其体魄之强健打下了很好的基础。"要是完成不了训练计划，没有让我满意，我肯定要给他补课、加时，做身体训练、蹦楼梯，还有我骑摩托车，他要跑到我前面去。"回忆这段往事时，他的父亲如是说。

更可贵的是，他不仅身强，而且心强。小时候的张继科就已经是一个有心人了，他喜欢模仿并钻研一些优秀运动员的打球技术，反复尝试直至掌握并择其精华融合成自己球技的一部分为止，这让他的球感越来越好，打出的球也越来越给力。

2011年11月，巴黎世界杯，张继科再次成为男子单打的世界冠军。北京时间2012年8月2日22点30分，伦敦奥运会乒乓球男子单打冠军争夺战打响。最终，少壮派张继科以4比1战胜了资深实力派队友王皓成为该项目的新科奥运冠军。取胜后的他跑到冠军领奖台深情一吻，以这一特别的方式宣告自己九年前的宏愿终于变成了现实。

2013 年 5 月 20 日，巴黎世乒赛男单决赛中，张继科以 4 比 2 战胜队友王皓，卫冕成功。

回首一路征程，张继科的辉煌背后固然离不开他人的培育和指导，但他身上那种敢说敢拼、敢付出、敢坚持、敢挑战和敢做最优秀自己的"小藏獒"精神无疑为他的成功提供了巨大而持久的推力。正是这一大推力"精神发动机"的高效运转，让他积蓄出登临一个个越来越高的荣誉之峰的能量，于是我们看到了张继科用二十载铸造的一个乒坛传奇。

| 赏·品悟 |

做好一件事情不难，难的是要一直做好一件事情。二十年的时间并不短暂，文章主人公张继科之所以能成就一个乒坛传奇，正是因为他身上那股坚定的信念，持之以恒、坚持不懈的精神，以超出常人的毅力在漫长的时光里修炼与积淀，才能登临一个个越来越高的荣誉之峰。

上帝的另一扇门

文 _ 文小圣　主题词 _ 专注　信念

上帝为他关上一扇门，正是为了让他毫不犹豫地走向另一扇门。

他出生在苏格兰一个普通的牧师家庭，从小热爱橄榄球，梦想有一天能成为一名优秀的职业运动员。

然而，在他 16 岁那年，一场突如其来的灾难彻底粉碎了他成为运动员的梦想。

那天，他兴致勃勃地去参加一场学校里的期末橄榄球比赛。在这场激烈的比赛中，他被踢中了头部。顿时，他感觉头一震，脑海里一片空白，左眼有剧烈的疼痛感，他几乎昏厥过去。

他被老师和同学们送到了医院。在痛楚与忐忑中等待的他，竟迎来了一个让他心如刀绞的检查结果——左眼视网膜脱落。尽管医生想尽办法来挽救他左眼的视力，并先后进行了3次手术，但都以失败告终。医生不得不无奈地向他宣布：从今以后，他的左眼将彻底失明。

他躺在漆黑的医院病房里，感到无尽的悲哀——因为他再也不能像以前那样在橄榄球场上尽情地驰骋了；再也不能像正常人那样拥有完整的视觉了；即使在阅读时，他也不得不经常停下来休息一下，以保证自己的右眼不那么疲惫。

这时的他，消沉至极，人生的一切似乎对他都没有了意义。他把自己关在家里，哪里都不想去，什么也不愿做，颓然地过着每一天。

看到他如此难过，他的父亲感到无比痛心。经过深思熟虑后，他的父亲决定专门做一次关于"我们需要视力"的布道。布道的那一天，拗不过父亲的再三恳求，他去参加了那场布道。

在布道中，他的父亲对人们说："失明无疑是人生中最令人痛心的残障之一。那些被剥夺视力的人失去了太多的东西。"

听了父亲的话后，他感到更加悲哀了。然而布道完之后，父亲却拍了拍他的肩膀，对他说："孩子，不过你比别人幸运，起码你还有一只健康的右眼。离开橄榄球场，对于你来说，也许并不是一件坏事，这样可以使你对你的另一份追求更加专注。你不是喜欢政治吗？孩子，你要记住，上帝每对你关上一扇门，必然会为你打开另一扇门。只要你不对自己丧失信心，上帝就不会遗弃你；相反，你会成为上帝的宠儿。"

父亲的话让他豁然开朗——是啊，我还拥有其他许多美好的东西，为什么要为一些失去并且永远不再回来的东西而耿耿于怀呢？只要自己选择坚强，上帝的另一扇门将永远对自己敞开！

从此，他重新走出家门，重新回到学校，努力读书，并专注于政治。24岁时，他发表了自己所谓的"苏格兰红皮书"，俨然以英国首相的口气对苏格兰的状况进行分析。

后来，他在爱丁堡大学获得了博士学位。

再后来，他进入政坛，并迅速在政坛中脱颖而出。46岁时，他当上了英国的财政大臣，并成为英国历史上任期最长的财政大臣。56岁，他接替布莱尔成为英国第52任首相。

这位优秀的政治家就是戈登·布朗。

当那些反对派借他的盲眼嘲笑他、攻击他时，他是这么回应的："我的左眼是上帝为我蒙上的，就是希望我能专注于我毕生的事业，专注于我的目标，执着向前！"

上帝为他关上一扇门，正是为了让他毫不犹豫地走向另一扇门。

戈登·布朗立志成为运动员的梦想，却因为一个意外身患残疾，而不得不放弃，从此认为自己的人生再也没有意义了。但父亲的话，改变了他的人生，令他调整人生的方向，成就了新的梦想。条条大路通罗马，此路不通，那就换一个方向，只要坚守心中的信念，始终抱着那份对梦想的执着与热爱去努力奋斗，总有一天能品尝到成功的甘果。

每日一诵 ···

鹧鸪天

[宋] 辛弃疾

壮岁旌旗拥万夫，锦襜①突骑渡江初。

燕兵夜娖②银胡䩮，汉箭朝飞金仆姑③。

追往事，叹今吾，春风不染白髭须④。

却将万字平戎策⑤，换得东家⑥种树书⑦。

【注释】①锦襜（chān）突骑渡江初：指作者南归前统帅部队和敌人战斗之事。②燕兵：此处指金兵。娖（chuò）：整理的意思。③金仆姑：箭名。④髭（zī）须：胡子。唇上曰髭，唇下为须。⑤平戎策：平定当时入侵者的策略。⑥东家：东邻。⑦种树书：表示退休归耕农田。

这首词是爱国词人辛弃疾退闲以后的作品。此词深刻地概括了一位抗金名将报国无门、壮志难酬的悲惨遭遇。上片从豪气入词，慷慨激昂，写出自己出色的经历；下片的一"追"一"叹"，突出了经历的岁月之长及遭受的挫折之多；又灵活地从上片的忆旧引出下片的叙今，写心伤透骨，沉郁苍凉。虽然作者自称戏作，实际上感慨遥深。

看见自己绚丽的影子

文_李良旭　主题词_信心　力量

时常看到自己身后那个绚丽的影子，不仅是人生的一种智慧和聪明，更是一种人生的勇气和力量。

美国著名艺术家吉普森用彩虹和影子这两个元素，进行了一种全新的绘画尝试。吉普森惊奇地发现，利用这种绘画手法，可以取得一种令人意想不到的艺术效果。它使原来阴暗、单调的影子，绽放出迷人、妖娆的光晕和色泽。从这些影子上，他仿佛看到了一种生命的美丽和燃烧。

吉普森在街头为一名建筑工人绘画。这名建筑工人正站在高高的脚手架上粉刷墙体，他的身上沾满涂料和泥浆。吉普森用彩虹绘画出这名建筑工人的影子。画作完成后，他发现，这名建筑工人的影子洒满金色的阳光，像披上了一道金色的羽毛，熠熠生辉。

这名建筑工人看到吉普森为他画的影子，感动得热泪盈眶。他说，我曾经为自己的人生自卑、叹息过，对自己所从事的工作充满了怨言和消极情绪。看到这幅画后，我为自己曾经的那种想法感到自责和汗颜。原来自己身后也有一个绚丽的影子，这绚丽的影子，一直在伴随着自己，这真的是一种神奇和温暖。

吉普森在街头为一名清洁工人绘画。这名清洁工正拿着一把扫帚在清扫路面。吉普森用彩虹绘画出这名清洁工人的影子。画作完成后，他发现，这位清洁工的身后映衬着一个绚丽的影子。这个影子曼妙、婆娑，就像一只展翅飞翔的大鹏，翱翔在蓝天，闪耀着璀璨的光芒。

你的人生是否幸福取决于你对人生的态度。你若对人生抱着积极的心态，那人生就是幸福的；你若带着消极情绪去面对，那人生之路必定与幸福背道而驰。

这名清洁工人看到吉普森为他画的影子，目光久久地停留在这幅画上。那一刻，他眼睛里噙满了泪水。他哽咽地说道，原来我也有一个绚丽的影子，我为自己的人生感到自豪和骄傲。

吉普森在街头为一名交通警察绘画。这名正在指挥交通的警察，不停地上下左右地挥舞着手臂。吉普森用彩虹绘画出这名警察的影子。画作完成后，他发现，这名警察身后颀长的影子，就像是一朵盛开的郁金香，袅袅婷婷，婀娜多姿。

这名警察看到吉普森为他画的影子，惊讶得目瞪口呆。他轻轻地亲吻着画上自己的影子，喃喃地说道，真是太神奇啦！自己原来也有这样一个绚丽的影子，我为自己曾经顾影自怜感到悲哀。

吉普森为一名课堂上的老师绘画。这名正在给小学生上课的老师，是一个美丽的姑娘，姑娘的眉黛浅处却有一种隐隐的忧愁。吉普森用彩虹绘画出这名小学教师的影子，她身后的影子像盛开的向日葵，昂首挺胸，散发出金黄色的光芒。

这名女教师看到吉普森为她画的影子，眼睛里顿时泅上了一片晶莹。她有些羞涩地说道，原来自己也有一个美丽的影子，这美丽的影子，给了她一种信心和力量，她不会再对生活抱怨什么，这金黄色的影子会一直激励自己努力地生活下去。

……

吉普森在他出版《彩虹和影子》的画作发行仪式上，对参观者说了这样一句话，给人们留下了深刻的印象。他说道，其实，我们每一个人身后都有一个绚丽的影子。永远不要看轻自己、怠慢自己，在你的身后，一直有一个绚丽的影子，它散发出金色的光芒，照耀着你的人生。时常看到自己身后那个绚丽的影子，不仅是人生的一种智慧和聪明，更是一种人生的勇气和力量。

| 赏·品悟 |

不论生活过得富足或贫寒，坦途或是坎坷，也不管你的身体是完美或残缺，每个人的身后都有一道绚丽的影子。你可以是闪耀着璀璨的光芒、展翅飞翔的大鹏，也可以是袅袅婷婷、婀娜多姿盛开的郁金香，或是昂首挺胸、散发出金黄色光芒的向日葵。正如作者最后所说，时常看到自己身后那个绚丽的影子，不仅是人生的一种智慧和聪明，更是一种人生的勇气和力量。

沉住气，厄运的筛子就会把你留下

文 _ 王伟　关键词 _ 沉着　勇气

每场厄运都是一次炼狱，懦弱者畏之如虎，坚强者视若涅槃。

自然界中的蜗牛是只小可怜虫，天生长着一副肥美多汁的躯体，招来的天敌多如牛毛，几乎到了谁见谁灭的地步。尽管有硬壳的保护，但行动缓慢的蜗牛依然逃不过天敌的捕食，就连小小的萤火虫也不放过它。

在所有天敌之中，飞鸟最为可怕，它们拥有敏锐的视力、飞快的速度和锋利的爪子，一刻不停地在空中盘旋搜索猎物。蜗牛只要离开树荫和草丛的庇护，就很容易被飞鸟发现，难逃被捕食的下场。

蜗牛过着提心吊胆的日子，85% 的同类活不过生命中的第一年。可是，蜗牛家族非但没有灭绝，反而兴旺繁盛，只要哪里生长着阔叶植物，哪里就会有蜗牛的身影。科学家甚至发现，孤悬于南太平洋深处的圣查理岛，面积只有 1500 多平方米，距离最近的岛屿也有将近 2000 千米，然而在这块与世隔绝的荒岛上，蜗牛却是唯一的常住居民。

蜗牛没有翅膀，更不会游泳，依靠自身力量根本无法来到圣查理岛，必须借助外力才能做到。令人惊讶的是，蜗牛旅行的奇迹正是拜飞鸟所赐。原来，飞鸟没有牙齿，不能撕咬和咀嚼食物，可又无力啄破蜗牛壳，只能将整只蜗牛囫囵吞下。飞鸟肚里漆黑一团，还散发着浓烈刺鼻的胃酸味，许多蜗牛扛不住，就从硬壳中缓缓舒展开柔软的身体，结果都葬身在消化液里。只有少数蜗牛屏住呼吸，任凭胃肠如何挤压和腐蚀，始终将壳闭得紧紧的。最后，仅有 15% 的蜗牛能够熬出头，随着鸟粪排泄出体外，掉到地面上活了下来，扩散到包括圣查理岛在内的世界各个角落，成为了最成功的动物之一。

其实，每场厄运都是一次炼狱，懦弱者畏之如虎，坚强者视若涅槃。可是，厄运又是一个公正的筛子，筛去的都是浮云，留下的全是精华。如果你沉得住气，临危难而不乱，你也会留下来。

　　蜗牛是自然界中生命力最脆弱的生物，但它们非但没有灭绝，反而兴旺繁盛，这是为什么呢？因为它们能够沉得住气。在厄运面前，有人被打败，有人胜利凯旋。物竞天择，生命就是一场竞争，能够沉得住气的人，临危难而不乱，才最终能够被留下来。

水调歌头·寿赵漕介庵

[宋] 辛弃疾

千里渥洼①种, 名动帝王家。金銮当日奏草②, 落笔万龙蛇③。带得
无边春下, 等待江山都老, 教看鬓方鸦。莫管钱流地④, 且拟醉黄花。

唤双成⑤, 歌弄玉⑥, 舞绿华⑦。一觞为饮千岁, 江海吸流霞。闻道
清都帝所, 要挽银河仙浪, 西北洗胡沙。回首日边⑧去, 云里认飞车。

【注释】①渥洼: 指代神马。②奏草: 奏章的草稿。③龙蛇: 指书法笔势的蜿蜒盘曲。
④钱流地: 形容理财得法, 钱财充裕。⑤双成: 神话人物。商亡后于西湖湖畔修炼成仙,
飞升后任王母身边玉女, 掌管蟠桃园。⑥弄玉: 秦穆公之女, 善吹箫。⑦绿华: 神女名。
⑧日边: 喻朝廷。

| 诵·品析 |

这首辛弃疾为赵介庵祝寿时所写的词, 真切地表达了乾道初年作者的处境和心
情。一个爱国志士, 雄心勃勃要报效国家, 却不为世所用, 内心实在是痛苦。在寿
筵席上, 词人对赵介庵寄托了极大的希望, 赞扬赵介庵才华出众, 期望他把无边的
春色带给人民。词的上片主要是歌颂赵介庵, 下片则陈述自己的报国宏旨。特别喜
欢 "等待江山都老" 一句。不只是我们会老, 还有江山。等待江山都老, 我们会怎
么样呢? 不禁想起沈从文那一句: "我们都行将老去。" 可壮志呢?

不是所有的花都是向日葵

文_张军霞　主题词_花朵　灿烂　成就

不是所有的花都是向日葵，只要愿意，就像我这样只拥有左手的人，一样可以拥有灿烂的人生。

"麦卡锡，我要去画画了，再见！"童年的记忆里，尼古拉斯·麦卡锡最不愿意看到的，就是姐姐安娜背着画夹去学习画画，这不仅意味着他又将孤单地待在家里，更让他感觉无比自卑。因为，麦卡锡出生时就没有右手，右臂只有肘上短短的一截，这使他看起来就像个截肢者。

安娜非常有绘画天赋，一次，她画的一幅向日葵在全省的比赛中获了奖，全家人都为她感到骄傲，父亲特意将这幅画装裱起来，端端正正地挂到了客厅里，没有人注意到麦卡锡的表情有多么失落。直到有一天，父亲下班归来，看到麦卡锡满头大汗地坐在画板前，他的左手沾满了颜料，脚下是一堆揉皱的画纸，看得出来，他也想画向日葵，但是尝试了很多次都失败了。

麦卡锡沮丧的样子，让父亲内心非常自责，他拿出一本厚厚的花卉图，指指点点地告诉儿子："你看，这是玫瑰，这是百合，它们都不是向日葵，却各有各的风采和美丽。这就好像安娜擅长画画，但你可以喜欢画画之外的事情，没有必要攀比……"

接下来的日子，麦卡锡牢记父亲的话，开始不停地尝试新生活。麦卡锡想要做的第一件事，就是挑战骑自行车，如果征服了它，就可以自己去上学。学习骑自行车，原本不是太难的事情，但对于麦卡锡来说却是个难题，为了用左手掌握车子的平衡，他不知摔了多少次跤，母亲心疼得看不下去，屡次要伸手相助，却都被麦卡锡

你所遭遇的不幸并非上帝的失误，而是他对你的青睐与喜爱，是『天将降大任于斯人』的考验与磨炼。不要感到痛苦，也不要迷茫，不幸才是通向成功的『捷径』。也许你该为此感恩、庆幸，因为不幸，会让你更加努力，去实现人生的成就。不幸，才是真正的幸运。

拒绝了。两个月之后，麦卡锡品尝到了胜利的快乐，他成了小区第一个会骑自行车的孩子。

初战告捷，麦卡锡渐渐不再自卑。在他 14 岁生日那天，父亲为他买了一台电子琴当礼物。从那天开始，麦卡锡开始自学如何使用左手和残缺的右臂来弹琴，他发现自己能用残缺的右臂弹出单键音符，于是就用学校音乐课学到的知识教自己识谱，依靠 CD 来学习弹奏贝多芬和莫扎特的乐曲。

有一天，麦卡锡又在练习弹琴时，父亲在楼下和邻居聊天，他大声喊道："把音响的声音关掉，有点吵。"麦卡锡把头伸出窗外，俏皮地说："我没有开音响，这是我在弹琴呢！"父亲显然吃了一惊，他沉默了好大一会儿，忽然意识到，自己的独手儿子，或许是个音乐天才！

很快，父亲为麦卡锡请了一位家教专门学习钢琴，经过一段时间的刻苦练习，他就跃跃欲试要参加考级。当麦卡锡走进考场时，主考官发现他只有一只手，不禁发出疑问："你也能弹琴吗？"麦卡锡回答说："当然！"他坐到钢琴前，流畅地弹了起来，当他弹到一半时，偷偷看了一下主考官的脸，发现对方的神情已经由"惊骇"变成了"露齿微笑"。最终，麦卡锡以高分通过了第一次钢琴考级。

为了让自己的琴艺更加精湛，麦卡锡又报名参加伦敦盖德豪尔音乐学院的周末进修班，就是在那里，他遇见了改变自己命运的老师——著名钢琴家路茜·帕尔汉姆。这位老师告诉麦卡锡，世界上有许多专供左手弹奏的美妙乐曲，其中最著名的是拉维尔的 D 大调钢琴协奏曲，她要求麦卡锡不再借助残缺的右臂，而是只用左手来演奏"左手乐曲"。

麦卡锡得知自己必须放弃贝多芬和莫扎特，感到十分难过，但帕尔汉姆的态度十分坚决，她解释说："借助残缺右臂弹奏，就算能够取得成功，也会被人们看作'怪人秀'。如果你只用左手弹奏，却有可能闯出一片新天地。"

最终，麦卡锡决定听从老师的建议，开始刻苦练习左手弹奏，功夫不负有心人，2013 年 8 月，23 岁的麦卡锡从英国皇家音乐学院顺利毕业，成为该学院成立 130 年来第一位独手钢琴家。他在弹琴之余，还把自己的故事写了下来，希望可以带给与自己处境相似的残障人士一些启发，他曾在文章中写下这样一段话："不是所有的花都是向日葵，只要愿意，就像我这样只拥有左手的人，一样可以拥有灿烂的人生……"

不是所有的花都是向日葵，找到自己人生的太阳，是迈向成功的第一步。文章主人公麦卡锡用一只左手也能弹奏出属于自己的优美旋律，弹出一个锦绣灿烂的人生。贝多芬、张海迪、海伦·凯勒、博尔赫斯，这些身有残疾的人，通过自己的努力，而让人生变得不同凡响。不要总是叹息命运的不公，每个人都是创造者，都能创造出一个属于自己的崭新的未来。

如果你遇到了不幸

文_鲁先圣　主题词_不幸　命际

不幸就是幸运，因为不幸，我们就与平庸的人截然不同了。

如果你遭遇了不幸，其实，也许恰恰是你的幸运。莎士比亚曾经充满深情地对一个失去了父母的少年说，你是多么幸运的一个孩子，你拥有了不幸。当时这个刚刚失去了父母的孩子，正处在孤苦无依的时候，孩子充满疑惑地看着这个被人们尊敬的艺术大师。莎士比亚摸着孩子的头说，因为不幸是人生最好的历练，是人生不可缺少的历程教育；因为你知道失去了父母以后，一切就只能靠你自己了。这个孩子似乎领悟了什么，悄悄地离开了莎士比亚。40年以后，这个孩子——杰克詹姆士，成为英国剑桥大学的校长、世界著名的物理学家。

一般人通常把不幸视为人生的逆境，认为是命运的不公。可是，如果我们稍稍留意一下那些在人类历史上留下了杰出脚印的人们，我们便惊奇地发现，所有那些有着卓越建树的人们，几乎都无一例外地从幼小的时候就遇到了不幸。给人类留下了《战争与和平》《安娜·卡列尼娜》《复活》等不朽作品的伟大的俄国作家托尔斯泰，3岁丧母，10岁丧父。曾经被英国女王授予"荣誉侍从"称号的英国著名小说家毛姆，刚出生不久父母就相继去世了。著名的法国哲学家萨特也是幼年丧父，母亲改嫁，在外祖父的家里长大。而我们所熟知的伟大的苏联作家高尔基就有着更为不幸的童年了。他幼年丧父，11 岁就开始自己到"人间"谋生。伟大的法国作家巴尔扎克，因为父母经济拮据，他出生不久就被送到乡村寄养，童年几乎没有得到读书的机会。

也许我们可以这样说，这些取得了杰出成就的人们，正是因为不幸，才迫使他们认真思考自己的人生，是不幸给他们提供了开掘自己智慧的契机。

因为不幸，使他们处在了一个人生的最低点，他们懂得了享受人生中每一点阳光的不易和艰难。因为不幸，因为没有亲人的呵护，因为一切都要靠自己的双手，所以他们懂得了要扎扎实实，要刻苦勤勉。

我们也可以这样去想，幸运是成功的机遇，但也是成功的羁绊。因为幸运可以产生骄傲，可以助长懒惰，容易使人懈怠。

我有一个朋友，她在很多年以前得了尿毒症，她不得不靠血液透析维持脆弱的生命。但是，从我认识她的那一天起，我在她的身上就从来也没有发现过一丝一毫的痛苦和悲观，她对人生充满了爱，对生活充满了乐观。她开通爱心热线，依靠自己的人生经验来开导那些处在困惑中的人们。她阅读、写作，发表了很多轻灵精致的散文。后来，她换肾成功，尽管她每天都要服药以减轻排异反应，她几乎要把自己所有的收入用来购买药物，但她告诉我，她感觉自己现在是天下最幸运的人，因为比起许多得了尿毒症的人，她活着，而且她依然可以工作，依然可以每天看见温暖的阳光，看见美丽的花草。

是的，当我们退一步去想的时候，不幸就是幸运，因为不幸，我们就与平庸的人截然不同了。

| 赏·品悟 |

因为不幸，使他们处在了一个人生的最低点，他们懂得了享受人生中每一点阳光的不易和艰难。因为不幸，因为没有亲人的呵护，因为一切都要靠自己的双手，所以他们懂得了要扎扎实实，要刻苦勤勉。不幸虽然是人生的逆境，但只要你勇于冲破这个逆境，不自甘堕落，不放弃人生，那么最终不幸也会是人生的一笔财富。

唐多令·柳絮

[清] 曹雪芹

粉堕百花洲，香残燕子楼。一团团、逐队成毬[1]。飘泊亦如人命薄，空缱绻[2]，说风流。

草木也知愁，韶华竟白头！叹今生、谁舍谁收[3]？嫁与东风春不管[4]，凭尔去，忍淹留[5]！

【注释】①逐对成毬：形容柳絮与柳絮碰到时黏在一起。"毬"谐音"述"；述，配偶。这句是双关语。②缱绻（qián quǎn）：缠绵，情好而难分。③谁舍谁收：以柳絮飘落无人收拾自比。④"嫁与东风"句：亦以柳絮被东风吹落，春天不管，自喻无家可依，青春将逝而没有人同情。⑤忍淹留：忍心看柳絮漂泊在外，久留不归。

| 诵·品析 |

这首词从"粉堕""香残""飘泊""白头""无人收"描写出柳絮堕枝飘残，被东风吹落、飘泊无根的特点，既抒发红颜易逝又抒发黛玉寄人篱下、无人理解的孤独和哀愁。从飘游无定的柳絮，联想到自己孤苦无依的身世，预感到薄命的结局，把一腔哀婉缠绵的思绪写到词中去。曾游百花洲的西施，居住燕子楼的关盼盼，都是薄命的女子，似乎是信手拈来，实际是有意自喻。词人巧妙地通过林黛玉对柳絮的吟咏，抒写对未来悲剧命运的预感。

人生"五行"

文 _ 刘代领　主题词 _ 价值　德行

人只要好好地践行人生"五行"，就会取得不平凡的成就，从而实现自己的人生价值。

人生行路，无规矩不成方圆，执守自己的生活准则，在平凡的生活里取得不平凡的成就，从而实现自己的人生价值。

一位学贯中西的大学教授在大学礼堂里给即将毕业的大学生上最后一堂课。教授说，美国社会心理学家马斯洛的人类需求五层次理论很著名。教授在黑板上按照由低层到高层的顺序写下了五行小标题：生理上的需要；安全上的需要；感情上的需要；尊重的需要；自我实现的需要。教授做了简单的阐述，并指出，马斯洛认为，人的自我实现，是人存在的最高、最完美、最和谐的状态，是一个很高层的境界。

有同学问："怎样达到上述的高层境界呢？有没有相应的中国文化有助于人们去达到呢？""有。"教授说，"在中国文化中，金木水火土，谓之'五行'。人生也有'五行'，对于'五层'有很大的意义和价值。"

紧接着，教授在黑板上写下了"人生'五行'助你走向成功"的大标题和五行小标题，并进行了精妙的阐述：

像土一样坚实。成功不会唾手可得，需要如农夫般的辛勤劳动才能换来。没有学不会的知识，只有不努力的心态；没有枯燥的工作，只有枯燥的态度。无论学习和工作，拥有像土一样坚实的品格，是走向成功的关键。

像火一样燃烧。"我拼命工作不是因为我贫穷，而是因为我依旧充满激情。"李开复辞去谷歌中华区总裁后创业时如是说。不能想象一个没有活力和激情的人能做出一番成就。拥有像火一样的挑战寒冷、战胜黑暗的品格，是走向成功的要素。

像水一样柔韧。水很柔，但至柔则刚。有个成语叫水滴石穿，讲的就是这个道理。人生的道路上会存在这样、那样的艰难和险阻，没有一帆风顺的人生。拥有像

水一样柔韧、坚定不移、勇往直前的品格，是达到追求目标的法宝。

像木一样挺直。塔克拉玛干沙漠中的胡杨，活着一千年不死，死后一千年不倒，倒后一千年不朽。这是一种多么顽强的生命力和坚忍的精神啊。拥有像木一样挺直、坚强的品格，就没有什么困难不能战胜。

像金一样纯净。金蕴藏在最平凡的砂土之中，需要淘金者辛勤的劳动才能换取。一个人要想在事业上取得成功，需要执着的追求，永不放弃的信念，正所谓"艰难困苦，玉汝于成"。拥有像金一样纯净而执着的品质，是许多成功者的表现。

"很多成功者大都或多或少地拥有上述的优秀品质。"教授说，"人只要好好地践行人生'五行'，就会取得不平凡的成就，从而实现自己的人生价值。"

在最后，教授说，中国禅宗里有"看山是山，看水是水；看山不是山，看水不是水；看山还是山，看水还是水"的人生三境界之说。其实，从第三层境界来看，人生也无非是"五层"。因此，对于人们来说，拥有人生"五行"的优秀品质，将会获得力量，有助于登临第"五层"不平凡的人生境界。

| 赏·品悟 |

人的自我实现，是人存在的最高、最完美、最和谐的状态，是一个很高层的境界。怎样达到这个高层的境界呢？像土一样坚实，像火一样燃烧，像水一样柔韧，像木一样挺直，像金一样纯净，要做到这人生"五行"。一个人要想在事业上取得成功，不仅仅需要执着的追求，永不放弃的信念，坚定不移的脚步，还需遵守人生的"五行"品质。

恪守自己的生活守则

文_积雪草　主题词_恪守　守则

时光永远不可能倒流，与其自欺欺人地做着假设，还不如从一开始就按照自己的生活守则做人做事。

日本作家村上春树给自己制定的生活守则是：不说泄气话，不发牢骚，不找借口，早睡早起，每天跑 10 千米，每天坚持写 10 页，要像个傻瓜似的。

乍看起来，非常简单。不说泄气话：就是要不停地给自己鼓劲儿，一刻也不懈怠。不发牢骚：就是保持心态阳光，积极向上，给自己美好的心理暗示。不找借口：就是不管对与错，都要坦然面对，坦然接受。每天坚持跑 10 千米：人是自然的动物，有着自然的属性，在花草树木繁茂的路上奔跑，身体才能强健。每天坚持写 10 页：不停地磨炼自己，才能进步，灵感才不会枯竭。要像个傻瓜似的：不想不开心的事，不想烦恼的事，怎么知道吃亏就不是得便宜？只有这样，才会更加接近快乐。

逐条细看，仍然很简单，但是若要每天坚持，持之以恒，就不那么简单了，要克服人的天性中懒惰、散漫的因素和成分，要克服内因的生病、主观意愿等，也要克服外因的种种诱惑、环境因素等，正因为不那么简单，在自己的人生守则里行事，才会保持方向的正确。

每一个年龄段都有着至关重要的关键词，20 岁时激情飞扬，30 岁时沉稳自然，40 岁时大气从容，50 岁时高瞻远瞩，60 岁时豁达淡定，70 岁时悠然自得。在人生每一个年龄段里，做着与年龄相称的事情不难，难得的是一辈子坚守自己的生活守则和人生信条。

繁华喧嚣的都市生活中，你有没有把握不住自己？你有没有随波逐流？你有没有自己的生活守则和做人的原则？

很多人可能会不屑一顾，你当我是小学生呢？要生活守则干什么？我是成年人，知道自己想要什么，知道自己不想要什么。想要成功，就需要奋斗。想要幸福，就需要打拼。汗水与泪水是幸福的前奏，鲜花与笑脸是幸福的后续。

淡出毛病的人，才想要什么生活守则吧？框住自己的结果是，往左碰到了条条，往右碰到了框框，如此束手束脚，还能做成什么大事？

生活中，很多人都是这样，没有远期的规划，没有近期的目标，更没有什么生活守则和做人原则，及时行乐，得过且过，人云亦云。

朋友甲，原本身材很苗条，因为无节制地暴饮暴食，因此长成了一个大胖子，然后在行动不便中再不停地节食做运动减肥，如此循环往复。朋友乙，因为无节制地放纵自己的欲望，恨不能天下美色都为自己所有，见一个爱一个，最后后方起火，然后又不停地救火熄火，做着灭火工作。朋友丙，因为心中贪婪的火苗无节制地疯长，最终烧着了自己，把手伸得很长，是不是自己的东西都要捞上一把，盆也满了，钵也满了，最后却只能在铁窗里面怀想自由的时光，所谓房有千间，其实夜宿不过三尺。

其实我们都知道，时光永远不可能倒流，与其自欺欺人地做着假设，还不如从一开始就按照自己的生活守则做人做事。

生活守则，你有吗？

　　每个人都有自己的处世原则，而坚守这个原则，一天不难，一年也不难，难得的是一辈子都在坚守。想要成大事的人必须有一颗恒心，坚守自己的原则，最终方能修成正果。当然，所谓正果在每个人的眼里都不一样，但一个好的生活习惯总是必要的，这是一个人最基本的人生信条。

每日一诵 ···

南园十三首（其六）

[唐] 李贺

寻章摘句老雕虫①，晓月当帘挂玉弓。
不见年年辽海上，文章何处哭秋风②？

【注释】①寻章摘句：指创作时谋篇琢句。老雕虫：老死于雕虫的生活之中。②哭秋风：即悲秋的意思。

| 诵·品析 |

　　《南园十三首》共13首诗，借刻画田园生活的安逸来抒发韶华易逝、抱负难酬的情感。这首诗首句说"我"的青春年华就消磨在这寻章摘句的雕虫小技上了。好像有点自卑自贱，颇耐人寻味。次句写诗人惨淡苦吟的精神和他那只有残月做伴的落寞悲凉的处境形成鲜明的比照，暗示性很强。最后两句把个人遭遇和国家命运联系起来，揭示了造成内心痛苦的社会根源，表达了郁积已久的忧愤情怀。全诗表达了诗人慨叹读书无用，怀才见弃的思想感情。

小小的善举

文 _ 廖辉军　主题词 _ 善良　品行

许多的命运改变和人生奇迹往往缘自平时不经意间小小的善举，就如这 10 美元。

经过多年经营，劳伦逊在美国的贸易公司开得红红火火。然而，天有不测风云，随着金融风暴席卷全球，劳伦逊的公司受到了致命冲击，眼看着难逃资不抵债的倒闭命运。

关键时刻，一天劳伦逊突然收到一封莫名其妙的律师信函，却不是对簿公堂的催款通知，而是一家著名公司无偿转让价值 1000 万美元 50% 股份的授权书，同时还将聘任他为这家公司的总裁。这可谓天上掉馅饼，而这次竟然是不偏不斜地砸在了他的头上。

世上哪有如此好事，尽管劳伦逊非常需要这些"从天而降"的巨额财富，但他仍不敢相信这是真的，以为这只不过是哪个无聊的人所做的恶作剧。直到次日收到法院的正式传票，他才明白确有其事。带着太多的疑惑，劳伦逊按地址找上门去。

公司董事长是一个力强精干的中年人，没想到他见到劳伦逊就像一个多年没见的老朋友那样热情，更让劳伦逊有些不安起来。按理说，如今他已负债累累，不太可能在他身上发生类似的骗局呀。

董事长也不多言，从密码箱里拿出一张旧得发黄但很平整的 10 美元汇票，上面顺夹在一块儿的却是劳伦逊的名片，这情景更让他如坠云雾。

这时，董事长亲自给劳伦逊泡了一杯咖啡，微笑着对他说："可能你早忘了吧，说来这已是 10 年前的事

莎士比亚说：爱，可以创造奇迹。被摧毁的爱，一旦重新修建好，就比原来更宏伟，更美，更顽强。也许一个小小的善念便能温暖一颗在冬夜里迷失的冰冷的心，举起爱的火把，照亮每一个在冷漠中需要被关爱的人。

了。那天我在海关报送一批很重要的货品，没想到报关的费用上涨了 10 美元，海关又不收支票，而我身上没多带现金，眼看就要闭关休息了，如果改日再办，就会误了合同交货日期，公司不仅要赔上巨额违约金，还对品牌信誉造成不可估量的损失，由此可能摊上国际官司甚至倒闭。就在这个紧要关头，排在我身后的你迅速递上 10 美元，算是帮我解决了窘境，还帮了公司的大忙。当时我要了你的名片，好方便日后还钱给你。"

原来如此，劳伦逊渐渐想起了这件事，但还是半信半疑。"后来呢，怎么我没有收到任何汇票呢？"

"后来公司挺过了难关，日益发展壮大。原想第一时间给你寄出这张 10 美元汇票，但是我一直没有这么做。因为经历过太多事情，这 10 美元彻底改变了我对人生的态度，所以我给你的 1000 万美元仍无法与你给我的 10 美元相提并论，为此我一直保留至今……"董事长继续说道，显得有些激动。

"不，我还是选择这 10 美元吧，如果你不介意的话，因为真正的朋友不应该索求任何回报。"劳伦逊的话让董事长感到颇为意外，但很快心悦诚服，为他的真诚与善举，这也更坚定了与他结交为友的信念。

后来，在董事长的鼎力支持下，劳伦逊的公司东山再起，蒸蒸日上。不久他们共同出资成立了一家基金会，专门帮助那些身临绝境的人们。谁也没有想到，许多的命运改变和人生奇迹往往缘自平时不经意间小小的善举，就如这 10 美元。

| 赏·品悟 |

生活中有许多意外的付出与收获，一个小小的善举，便可温暖全世界。真诚与情谊，能带来人生的奇迹。繁杂世界里，不忘保持一颗初心，拒绝随波逐流，这样，生命的奇迹总会在你意想不到的地方，静静地等着你。

阿苏的小雪

文 _ 龙飞儿　主题词 _ 爱心　创新

有爱就有纯情，有纯情就有热爱，有热爱就有创新，有创新就有赚不完的财富。

日本熊本县阿苏市以生产草莓而著称，可是近几年该地区草莓价格低迷，莓农们花了很多气力和时间，却拿不到可观的收入。

阿苏市有一位普通的高中生，他家世代以种草莓为生。一天正午，他又去给爸爸妈妈送盒饭，温暖明净的大棚里，弥漫着早春泥土的芬芳。草莓株壮叶茂，在高高隆起的畦背上，伸枝展臂，秀出鲜红丰美的果实，不少又开出了白色小花，长势格外喜人。本来这是件高兴的事，可是爸爸一边打理莓枝，一边黯然地抱怨："今年咱们的红艳和杏香，卖价又不怎么样！""可不是吗，这样的草莓遍地都是，人们看腻了，也吃腻了。再这样下去，我们要改行做其他生意了！"妈妈长长地叹了口气。看到爸爸妈妈愁眉不展，乡亲们为衣食而忧，他的心被深深刺痛。他决心要用学到的知识，研发一种性能更优良，卖价更好的草莓，让父母和乡亲们过上好日子。

可是，从何处下手呢？一个阳光普照的春日午后，独自走在青青的田野上，他心事重重。小时候他一不开心，外公就牵着他的小手带他到这儿散步，给他讲一些新鲜事，总会引得他遐思纷飞。

猛然间，他想起，外公曾经给他讲过，在他们这个地方，曾经有很多自然野生的白草莓，草莓繁盛到"走错路都是"。那时，小孩子去采草莓都是拿着瓢，三五成群地坐在阳光下的田野里吃饱后，再摘满满一瓢白草莓带给家里人吃。因为是野生的完全成熟的白草莓，口感出奇的好。有时候，采到完全成熟的白草莓也要看运气，因为，那甜中略带酸的味道，小鸟和虫子同样很喜欢吃。只是后来，农村和山林被开发，白草莓被误认为杂草彻底铲除尽净。

红草莓固然喜气，但人们已经没有什么新鲜感，如果研发一种白草莓，和红草莓混搭放到卖场不是更好吗？

接下来的业余时间，他大部分都在莓棚里度过，他认真观察草莓的色泽和果型，用卷尺量着垄距和株距，拿出小本子记录。有时，半夜醒来，灵光乍现，他就拿起手机给草莓 pose 拍照。

　　与草莓相伴 4 年的时光浸润，终于，草莓的红晕在他的精心栽培下，淡淡褪去，呈现圣洁的白色，他的心也浸上了草莓的清香。本岁年初，一款名叫"阿苏的小雪"的白草莓在日本华堂、吉之岛等大型超市炫亮登场，特别拉风。白草莓较之红草莓更为香气浓郁、口感甜润。白草莓 1000 日元一颗，相当于 50 元人民币。阿苏系列中，包装精美的"最萌草莓伴侣"由大粒红色 9 颗与白色 6 颗组合，红色草莓红艳丰满，白色草莓清雅俊秀。相偎相依，像一对甜蜜的伴侣，抓人眼球，每盒 620 元人民币。面对如此令人咂舌的价格，"白草莓"和"最萌草莓伴侣"竟然很快就卖到脱销。白草莓尤其受到新婚男女的钟爱，他们认为：白色代表纯洁，用白草莓，在神圣的结婚典礼上当作礼品，赠送给亲朋好友，是再美妙不过的礼物。

　　阿苏市的那位普通高中生，就是这款白草莓的发明者，此时他正在和爸爸妈妈，在草莓畦间开心地采摘白草莓。当然他们已从生存的困境中走出，赚得盆满钵满，并且福泽乡里。面对媒体采访，他淡淡一笑，露出两颗洁白的小虎牙，他恳请记者隐匿他的姓名。他说他爱白草莓的纯洁无瑕，爱爸爸妈妈、乡里乡亲，他更爱自己的家乡阿苏市。他要把"阿苏的小雪"这份成果和荣誉，送给生他养他的家乡——日本熊本县阿苏市。

的确，他是谁并不重要。关键在于"阿苏的小雪"告诉我们：有爱就有纯情，有纯情就有热爱，有热爱就有创新，有创新就有赚不完的财富。

| 赏·品悟 |

成功无须用严谨刻板的模式去定义，一次漫不经心的回眸，一场随意的旅行，一个心中无限憧憬的梦境，都是成功的契机。的确，有爱就有奇迹，有爱的人生永远不觉得荒芜。

🖋 每日一诵 ••

初入淮河四绝句（其一）

[宋] 杨万里

船离洪泽①岸头沙，人到淮河意不佳。
何必桑乾②方是远，中流③以北即天涯。

【注释】①洪泽：洪泽湖。②桑乾：亦作"桑干"。桑干河为永定河上游。桑干河流域当时已沦入金人之手。③中流：指淮河的中流线，为宋、金的分界线。

| 诵·品析 |

这首诗写了诗人入淮时的心情。以"意不佳"点题，化用刘皂"无端更渡桑干水，却望并州是故乡"来说明"意不佳"的原因。桑干河原是北宋边境河，而今边境河却南移到淮河，诗人心中的忧国之情就在这一感叹中含蓄地传达了出来。诗人说桑乾用"远"字，称淮河却用"天涯"，一方面强调了淮河的边界意念，一方面渲染了淮河的遥远。这种渲染进一步表达了诗人对南宋王朝心理上弃北逃南、政策上妥协投降，视国土沦陷于不顾，置中原人民于不救的哀怨和不满。

快乐是一种能力

文 _ 澜涛　主题词 _ 心境　快乐

带着智慧出发的时候，也带上快乐；有了快乐，就已经成功一半了。

这是一个真实的故事。

那是一家跨国公司策划总监的招聘，应聘者云集，考核也异常严格。层层筛选后，最后只剩下三名佼佼者。最后一次考核前，三名应聘者被分别封闭在一间被监控的房间内，房间内各种生活用品、家用电器一应俱全，但没有电话，不能上网，三人的手机也都被收走。考核方没有告知三个人具体要做什么，只是说，让几个人耐心等待考题的送达。

最初的一天，三个人都在略显兴奋中度过，看看书报，看看电视，听听音乐，只是在做饭的时候，因为都不太擅长而出现了一些小问题，但手忙脚乱中三个人还都快乐地把饭吃到了嘴里。第二天，情况开始出现了不同。因为迟迟等不到考题，有人变得浮躁起来，不断地更换着电视频道，把书翻来翻去，甚至连吃饭也草草地应对了事；有人不停地在房间里走来走去，眉头紧锁，一脸凝重，夜里翻来覆去难以入眠……只有一个人，还跟随着电视情节快乐地笑着，津津有味地看书做饭吃饭，踏踏实实地睡觉……五天后，考核方将三个人请出房间时，那两个焦躁的应聘者已经形容枯槁，只有那个始终快乐着的应聘者还依然神采奕奕。就在三个应聘者凝神静气等待主考官出最后考题时，主考官说出了考核最终的结果，那个能够坚持快乐生活着的人被聘用了。主考官对三个同样诧异的应聘者解释着："快乐是一种能力，

富足的人不一定活得快乐，贫穷的人也不一定就不快乐。快乐是一种心境，快乐是一种感受，快乐是一种能力，每个人都可以得到快乐，关键取决于你对生活的态度，是积极，还是消极。

能够在任何环境中都保持一颗快乐的心，可以更有把握地走近成功！"

这是一个真实的故事，我就是故事中两个浮躁之人中的一个。那一次应聘失败是我人生收获最大的一次。我懂得了，带着智慧出发的时候，也带上快乐；有了快乐，就已经成功一半了。

| 赏·品悟 |

戴尔·卡耐基说过："每个人都只有一生，无论是痛苦地过还是快乐地过，都是一辈子。既然如此，我们何不快乐地度过？快乐并非来自外在环境，更不是由天生的性格所决定。快乐是一种能力，一种我们必须学习的生存态度，一种人生的最佳指引方向。它是你在生命的每一刻所做出的选择。在快速和疏离的现代世界，快乐是最稀缺的资源。笑着面对生活，你会得到更多。"

一个人的快乐不是因为他拥有的多，而是他计较的少，美好的生活应该是时时拥有一颗轻松自在的心，不管外在的世界如何变化，自己都能有一片喜悦的天地。

哭着活不如笑着过

文_季锦　主题词_哭泣　微笑

哭着活不如笑着过，希望每个人在困难面前都不要低头，更不要抱怨，坚强而乐观地面对，才是解决困难的最好的方法。

8 岁那年，一场意外使她失去了双臂。

从此，她便生活在无尽的苦恼和自卑里，甚至多次怨恨妈妈为什么要生下她，使她承受如此之多的苦难。面对消极的女儿，妈妈除了心痛和泪水之外，只能尽可能地给她更多的爱。其实，当时很多人都劝妈妈放弃她，说她失去了双臂就等于是废人一个，就算是养大了也没多大用。妈妈却说，女儿虽然没了双臂，但她还有眼睛可以看，有耳朵可以听，有脚可以走！所以，在她眼里，女儿依然是以前的女儿，女儿照样应该有着她自己的美丽人生。

不离不弃的母爱终于让她重拾了面对生活的勇气。从此，她开始练习用双脚代替双手，做一些力所能及的事，尽量让自己更独立一些。

15 岁那年，她决定像别人一样出去打工挣钱，可她的想法却遭到了妈妈的极力反对。在妈妈看来，女儿生活都难以自理，怎么可能独自去一个陌生的城市谋生？但无论妈妈怎么劝说，倔强的她还是只身离开了家，去了千里之外的上海。她说她想靠自己的能力养活自己，并为父母分担。

到上海后她才发现，以自己的条件想找份工作实在太难了。无奈之下，只能去卖报纸，可辛苦一天也只能挣到一二十块钱，微薄的收入用来维持自己的生计都成问题，又哪来的钱为家里分担？但想起自己离家时的那份执着，想到自己以后的路，她还是决定留在上海谋生，她坚信只要自己不放弃，肯努力，总有一天，她会像正常人一样自己养活自己。

一天，妈妈打来电话告诉她，弟弟考上了他们当地的重点高中，她很是高兴，可当她随后得知家里正在为弟弟的学费犯愁时，她突然感到自己很没用。于是，为了给弟弟凑学费，她毅然决定放下自尊去乞讨。她想，只要能替父母分担一些，不要所谓的面子又如何？然而，令她想不到的是，她乞讨的第一个对象就深深地刺痛了她，当她向路边一个男人乞讨时，对方流露出一副很是厌恶的表情，且说了句令她一辈子都忘不了的话：赶紧滚开！那一刻，她深深体会到了什么叫无地自容。她哭着跑到一个无人的角落，任凭泪水滂沱。也就从那一刻起，她决定从此以后，要有尊严地去挣钱，有尊严地活着！

后来，她对十字绣产生了浓厚的兴趣，尽管她用脚要比常人用手绣慢得多，可她却从未气馁。从开始的笨拙到后来的游刃有余，她付出了比常人多百倍千倍的努力，那一针一线绣出来的不单单是美丽的景致，更是她对生活的热爱与追求。十字绣帮她树立了从未有过的自信，她决定从此以后，每天都要带着微笑去生活。

当她面带笑容走到大街上，所有人都被她的阳光与坚强所吸引，甚至有很多人都主动走上前来跟她打招呼，表达想和她成为朋友的愿望，而她，也总是很爽快地答应下来。她说，她没想到微笑不但快乐了自己，还愉悦了别人！

她的坚强与乐观感动着每一个人。于是，先后多家媒体邀她去演讲，而她，也很乐意把自己的这种生活态度分享给更多的人。她说现在演讲已经成了她生活中最主要的内容，她要用自己的亲身经历告诉世人，哭着活不如笑着过，希望每个人在困难面前都不要低头，更不要抱怨，坚强而乐观地面对，才是解决困难的最好的方法。

是啊，正如汪国真的一首诗里所写：无论天上掉下来的是什么，生命总是美丽的。因而，不管生活中有多少坎坷，如果那是我们必须面对的，那么与其哭着活，不如笑着过！

| 赏·品悟 |

没有谁的人生是一帆风顺的，也许天灾人祸，也许身体残缺，也许面目丑陋，也许意外之险，种种遭遇和打击都能令我们溃不成军，彻底瓦解对生活的信心。与其哭着活，不如笑着过。当不幸真的降临到你身上，请坦然接受，勇于面对，打败命运，成为生活的强者。

🖋 每日一诵 ·····································

台　城

[唐] 韦庄

江雨霏霏江草齐，六朝如梦鸟空啼。

无情最是台城柳，依旧烟笼十里堤。

| 诵·品析 |

这是一首凭吊六朝古迹，抒发兴亡之感的诗。首句着意渲染一种风雨凄迷的氛围。第二句紧接着借景抒情。三、四句以柳之无情，反衬人之多情。诗人怨柳无情而有沉重的兴亡之感，但这种感触在诗中表现得很含蓄。

真正的财富

文 _ 凤凰　主题词 _ 充实　富有

　　人类只顾自己的利益，破坏自然，最终，自然就会伤害人类。

　　卡特的父亲买下了整个莱克多镇。卡特得知这个消息后大吃一惊。之前一场罕见的泥石流冲毁了整个莱克多镇，幸好镇上的居民转移及时，才没有人员伤亡。现在，大家都搬走了，整个莱克多镇已成为一片废墟。出售小镇的消息卡特也看到了，很长一段时间无人问津，没想到父亲却花大价钱买下了它。这绝对是个赔本的买卖。

　　卡特为此专门去莱克多镇查看，一看就更吃惊了：整个镇子一片狼藉，就算清理掉废墟，重新建上房子，恐怕居民们也不愿意回来居住，因为这里随时都可能再次发生泥石流。父亲要是建房子的话，肯定卖不出去，这回父亲亏大了。一向英明的父亲，这回做出了错误的决定。

　　卡特去了父亲的办公室，把自己见到的一切告诉了父亲，并问父亲打算怎么办。父亲告诉他要在镇上种树。"种树？"卡特一愣，"你买镇子就是为了种树？"父亲点了点头。父亲告诉卡特，别人不愿意买下这块地，是因为别人只想着赚钱，他买来小镇，可不是为了赚钱，而是为了改善这里的自然环境。

　　"为了改善自然环境？"卡特苦笑一声，"我们是商人，要以盈利为目的。我们不是慈善机构，想着做好事！改善自然环境，这该是政府的事！"父亲告诉卡特，此前，开发商就是为了赢利，破坏自然环境，把镇东面

如果不能成为一只搏击长空的兀鹰，那就做一只飞翔在空中的小鸟；如果不能成为一条遨游深海的猛鲨，那就做一尾畅游浅滩的小鱼；如果无法在夜空中绽放明亮的风采，那就匍匐做一只微小的萤火虫。人生不一定都要达到成功的境界，从容地接受现世安稳，也是人生的哲学。

的树木全都砍掉，不断扩张，这才导致了今天莱克多镇的毁灭。父亲说："我不希望有更多的悲剧发生，所以才买下这块地种树！至于政府，他们把居民搬走就是了，也不想花钱改善这里的自然环境。"

卡特劝父亲不要这么做，说政府都不管，他们凭什么去管。可父亲还是坚持自己的想法，他请来大量工人，清理了废墟，然后满山满镇都种上树苗。只有一小块地空着，卡特觉得很奇怪：空一块地干什么呢？

正如卡特认为的那样，父亲这一次赔进去了不少钱，却是一无所获。父亲的朋友们都嘲笑他，说他简直疯了，买废墟种树。话传到卡特耳朵里，他觉得十分难听。因为父亲做了这次赔本的买卖，没有了资金，所以在以后的日子里，父亲再也没有捞到发财的机会。父亲对此却一点儿也不在意。

每年，父亲都带卡特去莱克多镇看他的成果，那些树木一年比一年大，满山满镇，一片绿色。卡特突然眼前一亮，父亲种下这么多树，将来砍了卖掉的话，那肯定能赚一大笔钱。想到这里，卡特又笑了：父亲就是父亲，想得比他长远多了。卡特再看树木，觉得那就是他们的财富，他盼望着它们快快长大。

一转眼，十年过去了。莱克多镇上的树木都长大了，整个小镇成为一片绿色的海洋。当然，因为种了树，泥石流之类的事件再也没有发生。就在卡特觉得该砍树的时候，父亲却请了工人开始在当初留下的那块空地上建房子。

卡特得知这个消息后立即打电话给父亲，告诉他建房子不会有人买，现在应该砍树，把钱挣回来。父亲说："砍树？我栽树的目的不是为了砍掉卖钱！砍树的话，悲剧就会重演！"父亲让卡特别担心，建的房子绝对会有人买。

卡特很沮丧，他原以为父亲的树木是准备砍来卖的，现在树木不砍，还要建房子，真是亏大了。他觉得父亲前半辈子是成功的，挣到了大笔财富，而后半辈子，却相当失败，辛辛苦苦挣来的财富转眼间就消失了。

半年后，莱克多镇的空地上建起了一幢幢楼房。没想到的是，房子很快就销售一空。在建房的时候，没有人去订购房子，现在却一售而空，卡特着实吃了一惊。父亲打电话告诉卡特，说给他留了一套房子，让他去住。

有一天，卡特来到了莱克多镇，此时的镇上有了人烟，可是，真要让他在这里居住，他想怕是也待不长久。父亲把卡特带到山上，说道："你看，现在这里有了树，有了鸟，还有了人，大家和谐相处，是不是很好？"

卡特点点头。父亲又说："人类只顾自己的利益，破坏自然，最终，自然就会伤害人类。保护自然，保护环境，自然就会造福于人。现在，这里山清水秀，鸟语花香，简直就是天堂，所以，人们争相购买这里的房子。虽然最终我还是没有收回本钱，但是看到今天人与自然和谐相处的美好景象，你不觉得这才是真正的最大的财富吗？"

卡特恍然大悟，说道："爸爸，我懂了！现在，这里的确是一座天堂，我想，我愿意在这里住一辈子！"父亲露出了灿烂的笑容。卡特也笑了：父亲太伟大了，他创造了真正的财富！

| 赏·品悟 |

俗话说，有钱能使鬼推磨。为了金钱的利益，人们不惜做出许多伤害自然的事情。自然环境的严重破坏，也给我们现代人的生活带来了巨大的灾害，保护自然，保护环境，自然感恩之余，也会造福于人。世界和平，人民幸福安康，才会带来真正的财富。

马云的财富观

文 _ 朱国勇　主题词 _ 财富　哲学

很多时候，一个人对金钱的态度，最能反映一个人的人品与境界的高下，也最能决定一个人究竟能走多远。

说起中国现在的互联网富翁，有几个人不得不提，那就是新浪的陈天桥，网易的丁磊，百度的李彦宏，巨人网络的史玉柱，腾讯的马化腾，搜狐的张朝阳以及阿里巴巴的马云。这几位，应该是中国互联网富翁的代表人物。

在由《福布斯》发布的《2009 中国海外上市互联网 IT 企业家族财富榜》中，这几位都取得了骄人的成绩。丁磊以 180 亿元高居榜首，马化腾、陈天桥、李彦宏、史玉柱分获二到五名，张朝阳名列第七。应该说，这几位差距并不大。而与这几位齐名的马云，居然排到了第 20 位。诸如张志东、池宇峰、王滔、杨宁、卫哲、徐少春等十多位鲜为人知的人都排在了马云的前面。难道说，马云的阿里巴巴仅仅是浪得虚名？

不是的，截止 2009 年底，阿里巴巴的总资产达到 300 亿美元，居国内互联网公司第一。

这就奇怪了，到底是为什么呢？

其实，主要原因在于，阿里巴巴虽然是马云创办的，但他并不具有控股权。相反，为了激发员工的创造力与主人翁意识，他把公司的股份都分给了高层管理与普通员工。他自己拥有的股份极少。

还是先来看看其他几位富豪吧：丁磊持股 58.50%，史玉柱持股 72.57%，陈天桥持股 60.00%。

马云呢，持股究竟少到什么程度？你们先来猜一猜。30% 应该有吧？没有！10% 总有吧？没有！怎么也得有 5% 吧？没有！难道是 1% 不成？就连 1% 也没有，他仅仅持股 0.57%！

马云是这样解释的："我持股最多的时候也没有超过 7%，仅为象征性持股。有人问我为什么这样做，我的解释是：我不想以自己一个人去控制大家。只有这样，其他股东和员工才更有信心和干劲，企业才具有无尽的活力与广阔的发展前景。所谓'钱聚人散，钱散人聚'嘛！"

这就是一个一流企业家所持的心态。他或许把自己当作一名企业家，但却从来没有把自己当过老板。马云用一种均富的方式，来传递对团队伙伴的信任，同时加强整个团队的凝聚力。伙伴们之间的默契与信任比金钱、比股份更重要。

在《2009 中国海外上市互联网 IT 企业家族财富榜》上，虽然马云仅以 3.45 亿元财富排名第 20 位，但是，阿里巴巴集团却有 8 人上榜，成为拥有"富翁"最多的公司。其中，阿里巴巴总经理卫哲更是以 5.93 亿元的个人财富超过了马云。

阿里巴巴取得的惊人成功，不仅是一种商业模式的成功，更是一种高贵人格所铸就的奇迹。很多时候，一个人对金钱的态度，最能反映一个人的人品与境界的高下，也最能决定一个人究竟能走多远。

　　马云的成功源自一种高贵人格所铸就的奇迹，一个人的富有并不在于他拥有的财富有多少，人生的富足更不在于物质的富足。若说财富是一门需要学习的哲学，那么人生就更是一门有待深究的哲学。

每日一诵 ·····························

南安军

[宋] 文天祥

梅花南北路[①]，风雨湿征衣。
出岭同谁出？归乡如不归！
山河千古在，城郭一时非。
饿死真吾志，梦中行采薇[②]。

【注释】①梅花南北路：大庾岭上多植梅花，故名梅岭，南为广东南雄县，北为江西大庾县。②采薇：商末孤竹君之子伯夷、叔齐，当周武王伐纣时，二人扣马而谏，商亡，逃入首阳山，誓不食周粟，采薇而食，饿死。

| 诵 · 品析 |

　　这首五言律诗前两联叙述了行程中的地点和景色，以及作者的感慨，抒写了这次行程中的悲苦心情。颈联以祖国山河万世永存与城郭一时沦陷进行对比，突出诗人对恢复大宋江山的坚定信念和对元人的蔑视。尾联表明自己的态度：决心饿死殉国，完成"首丘"之义的心愿。这首诗逐层递进，声情激荡，不假雕饰，而自见功力。作者对杜甫的诗用力甚深，其风格亦颇相近，即于质朴之中见深厚之性情，可以说是用血和泪写成的作品。

面对真实的自己

文 _ 林振宇　主题词 _ 包容　强大　真实

生活犹如一面镜子，能够照出人生的是非黑白，而在强大的压力下，我们已渐渐学会伪装，不敢面对真实的自我。放下杂念，听从内心深处的召唤，寻回最初的面孔，勇敢地去面对，做真实的自己。

面对真实的自己，才能有勇气坦然地面对人生，无畏风雨，一路前行！

或许每个人的内心深处都有这样一种倾向，总是希望把自己美好的一面呈现给大家，而不愿让人们知道或了解自己短处的一面，这是人之常情。

假使朋友在向他人介绍你的时候，一味地说你身上的优点和长处，我们要感谢人家，因为能看得出朋友是喜欢你才这么说的。虽然此时你心里美滋滋的，也许赢得了别人的好感，但是，也要清醒地认识到，听惯了赞美声未必就是一件好事，很容易让自己飘飘然，滋长骄傲自满的情绪；而给人留下的好感只是一时的，假使你不够完美，又故意隐瞒了诸多负面的情况，终有一天人们会看清你到底是怎样的一个人。

倘若有人无心地讲述了你曾经灰色的往事，让人们知道了你的另一面，你听了之后一定会气恼，其实大可不必如此。想想看，人非圣贤，孰能无过呢？难道你真像白玉一般无瑕吗？自己做过的事情就应当勇敢地承认和面对，逃避则是懦弱的表现。对于指出自己弱点和不足的人，我们也要从内心里感谢人家，哪怕他的话与事实有出入，有则改之，无则加勉，人家对你负责任才会善意地批评你，这也是关爱你的一种方式和体现，我们要对此表示理解并能虚心地接受，若能做到闻过则喜就更难得了。

认清自己要善于借用他人的眼睛，这就好比有了一

面多棱镜，可以从多个角度观察并看清自己究竟是怎样的一个人。你就会发现自己既有优点，也有缺点，既有美的一面，也有丑的一面，既有可爱的一面，也有可憎的一面，这才是真实的自己。

现实中，有些人不敢面对真实的自己，一旦别人指出自己的弱点，就很害怕，接受不了，心里非常难过。他们或许还掩耳盗铃般地将自己的弱点千方百计地瞒骗起来，只想让大家看到他们好的一面，虽用心良苦，但不可取。要知道，这些都是内心虚弱的表现。

面对真实的自己，需要强大自己的内心。一个人只有内心真正强大了，才能包容不同的声音。

面对真实的自己，才能有勇气坦然地面对人生，无畏风雨，一路前行！

| 赏·品悟 |

我们总是很在意别人的目光，总是刻意隐藏自己的缺点，尽力把美好的一面呈现在人前。其实，人性本就存在着完美与不完美，面对真实的自己，才能有勇气坦然地面对人生，无畏风雨，一路前行，如此才是智慧人生，才是真实的人生。

做回真实的自己

文_阿玉　主题词_真实　改变

很多时候，我们无需刻意改变自己，做回真实的自己，最好。

据说我出娘胎时，愣是把父母吓了一大跳，怀疑医院抱错了，怎么看都像是地道的非洲娃。

在幼儿园，小朋友对我避而远之，总喊我"黑皮""丑妞"。每次我总抢在第一个吃完饭，巴望着也能得到老师两颗糖抑或是一朵小红花的奖励，可总是失望地

在一旁静静等待，我不明白这是为什么。

长大了，在我领悟了美丑的含义时，我知道这一切源于自己的那张脸，从此自卑的阴影深深扎根在心里，挥之不去。多年后，每每听到那首歌《我很丑可是我很温柔》，心里的酸楚不言而喻。

因了丑，我身边很少有异性朋友，所有的时间都埋于书海，最终考进重点大学。在校园，我不曾穿过女性化的衣服，完全以一副假小子的装扮满世界溜达。曾经我也想改变自己，可我知道以自己黑得掉进煤堆里也找不到的肤色，再加上那平底锅的身材，无论怎么穿也让人不屑一顾。

系里有位女生因漂亮而得宠，每次外出都有护花使者频频相送，我好生羡慕，期盼自己也能有这样的待遇。可总有人打趣，我长得足够安全，即便是碰上色狼也会敬而远之。

我也曾怨恨爹妈为何不给我如花的容貌，也曾抱怨上天对我如此不公，可痛过思过，竟也滋生出丑带给我的诸多好处。

因为丑，我知道自己没有骄傲的资本，唯有谦和礼让，彬彬有礼，才能让大家喜欢。心地善良、乐于助人是大家对我最好的评价。宿舍里的脏活累活，我总是主动承包。每逢周末，女伴总喜欢拉我逛街，虽说知道是陪衬，我亦欢喜，毕竟这反差的美丽会给她们增添一道别样的风情。

因为丑，我不用化妆，简约自然，轻松出门。那短短的寸头，加上 T 恤牛仔，如男生一般潇洒随意，如此模样，我成了众多男生的铁哥们。即便是女伴出去约会，也不会在意我这盏闪亮的"电灯泡"。

因为丑，我少了应有的浪漫时光，只能静心读书，充实自己。每每见到自己的文字变成铅字，内心就多了一份慰藉。上天没给我娇美的容颜，却给了我一双巧手，闲时做的女工活，总是让人啧啧赞叹。

"其实，你很温柔！"直到有一天，一位帅气阳光的大男孩拉住我的手。那一刻，我怔住了，眼角湿润。

"温柔"这个词，对我来说实在是太遥远了。而今，幸福真实地降临在我这个丑人身上，我恍如做梦一般。

在女伴羡慕的眼中，我享受着爱的甜蜜。我知道大凡男孩都喜欢柔情似水、长发飘飘的女孩，我决定改变自己。

破天荒，第一次，我主动开口邀请舍友陪我逛街买裙装。在一片惊讶的呼声中，我害羞地将脸埋进双膝。

爱情的魔力真是伟大！一天又一天，我在人们惊喜的眼中改变自己。说话不再口不遮掩，豪气十足；做事不再像从前那样大大咧咧；连走路的姿势也尽量学着邻家女孩的模样，头发也在悄悄中留长……

一天清晨，我看着镜中的自己，竟然陌生得很，并没有期盼中的欣喜。一丝忧伤浅浅漫过心头，内心有种情愫说不清，道不明。

"别刻意为我而改变，那不是真实的你。"那天，他扳过我的双肩，真诚地说。闻言，我笑了，灿烂如花。

重新穿上 T 恤牛仔，脚踏运动鞋，脚步轻快地行走在大街上，清爽的短发在阳光下帅气十足，久违的感觉重新回归，喜悦之情自然溢于言表，我知道爱让我重新找回了自我，找回了快乐。

很多时候，我们无需刻意改变自己，做回真实的自己，最好。

因为丑，"我"身边很少有异性朋友，所有的时间都埋于书海，最终考进重点大学。因为丑，"我"知道自己没有骄傲的资本，唯有谦和礼让，彬彬有礼，才能让大家喜欢。因为丑，"我"不用化妆，简约自然，轻松出门。因为丑，"我"少了应有的浪漫时光，只能静心读书，充实自己……时光沉淀中，你讶异地发现自己已由丑小鸭蜕变成白天鹅。一个人的美丑不只在于外表，做真实的自己，不刻意，不做作，坦诚面对，自信快乐让人变得美丽。

每日一诵

题郑所南兰

［元］倪瓒

秋风兰蕙化为茅①，南国凄凉气已消。

只有所南心不改，泪泉和墨写《离骚》。

【注释】①秋风兰蕙化为茅：化用屈原《离骚》中的："兰芷变而不芳兮，荃蕙化而为茅。何昔日之芳草兮，今直为此萧艾也？"以芳草之变为普通茅草，比喻中道变节之人，暗讽变节之小人。

| 诵·品析 |

本诗表达了作者忧国忧民的情怀，属爱国言志诗。前两句用屈原诗中典故写变，自然之物在变，世事在变。后两句则说大变之中亦有不变。画家郑思肖不忘故国之心就没有变。你看他画的兰，简直是以如泉涌的泪水和墨画出的，好似屈原的《离骚》中所表达的强烈爱国之情。这两句饱含了诗人对郑思肖的崇敬之情，以及对画中所表现的民族气节的赞美，虽是议论语句，仍然紧扣诗题。

人生最大的成功，
就是看到自己的价值

文 _ 邓紫棋　主题词 _ 自身　价值

价值 × 信念　29

因为你是独一无二的，所以有一些影响只有你能带给这个世界。

独一无二是我们每一个人都拥有的一个自身的价值，可是并不是我们常常都能够感觉得到。

小时候看那种言情小说，里面只讲了爱情浪漫的一部分，或者是受伤的一部分。大部分时间平常的、平淡如水的，它没有给你讲。所以你以为爱情就是轰轰烈烈的，或者是一定要有一些什么事情发生，你才能够感觉到被爱。

我以前看过很多这种小说，我谈恋爱的模式就是，我必须要让对方让我感觉到我被爱。如果我送他一个礼物，他没有给我回应，我就会觉得他不珍惜我，我就会跟他说我下次不送礼物给你了。

如果是这样的话，就代表我的爱是期待着回报的。而为什么我的爱会期待着回报，因为我需要别人来告诉我，我的价值是什么。我需要一个男生来告诉我，我是珍贵的；我需要我身边的朋友来告诉我，我是珍贵的。因为我忘记了我小时候感觉过的独一无二的那种感觉。

人一定要抓住自己的价值，你的价值不能由别人来告诉你。不然的话，你做事的动机、原因就错了。

20 岁生日的时候，我分过一次手。于是我发现一件事情——我没有爱自己。如果我够爱自己，如果我认同自己的价值的话，我就不会在每一次我表现爱的时候，

物品有它值得交易的价值，天才有他聪明的价值，明星有其闪耀的身价，每一个平凡的人，也都有其自身的价值。发现自身的价值，点燃信念与希望之火，带着勇敢与希望，让自己变得与众不同。

都需要听到回应。如果我不需要听到任何回应，默默付出爱是为了我要去给他爱的话，我的爱就变得很纯粹，而且我就会感觉到爱了。因为我做这件事情不是要取悦谁，我只是去表现我的爱。

在感情方面给我的成长，让我更加清楚一件事情，就是你做一件事情背后的原因是很重要的。如果你想要做一件事情，是出于一个好的原因，一个对的原因的话，你必须要知道自己的价值，你要爱自己。

虽然我觉得讲来讲去好像就是你是独一无二，你是很有价值的一个人，你是很珍贵的，这种东西好像很土。可是真正把它活出来却是一件很难的事情。因为有很多人在这个世界上，他们想要寻找成功，用成功来告诉自己说自己是有价值的人、很厉害的人。他们可能想要赚很多的钱，可能会想要在社会上有很高的地位，或者他们可能会交很多朋友。就是因为他缺乏爱，缺乏对自身价值的认识，所以需要一些东西、一些人去告诉他，他是珍贵的。

这样的话，工作就变成赚钱的工具，而不是你的热情。在社会上，你尽公民的责任，不是你自己对社会的爱，而是一个你追求权力的工具。全部的美丽的事情都变得不美丽，变得不纯粹。

我很感谢自己人生里面经历过的很多不同的伤痕，因为走到这一步我回头看，虽然那些经历当下让我觉得很痛苦，或者是让我觉得我没有办法再前进，但当我知道这一切好跟不好的珍贵的时候，我更能够拥抱自己，我更能够坦诚地站在大家面前告诉你，邓紫棋就是这样一个人。

我们没有办法去变成世界上最棒的人，因为棒有太多不同的定义，可是我们能够变成最棒的自己。这个世界上没有谁比谁更强更厉害，这个世界只有谁比谁更了解自己，更爱自己，更珍惜自己。

我最后想要说的一句就是，当你想要别人来爱你的时候，第一个能够这样做到的人是你自己。对自己坦诚，接受自己，拥抱自己每一个优点和缺点，接纳自己，原谅自己每一次的失败。如果做得好的时候，成功的时候，给自己鼓励。

这样活下去，你的人生就可以慢慢发挥出最大的潜能。而这样不只是对你自己的生命好，对整个世界也好，因为别人看到你的生命居然是这么快乐这么自由，你会影响到很多人。因为你是独一无二的，所以有一些影响只有你能带给这个世界。

因为参加《我是歌手》而一跃成名的邓紫棋，成功也许来得有些偶然，但若是没有付出一番艰辛的努力，任谁也不可能获得成功。邓紫棋用自己的经历告诉我们，独一无二是我们每一个人都拥有的一个自身的价值，一个人只有看到自身的价值，并且发挥出最大的潜能，成功才会向你伸出橄榄枝。

一个球的力量

文_程刚　主题词_力量　信念

请大家把面包留给我，我要为英国踢进一个球，我要点燃大家的信念与希望之火，我要让大家相信只要勇敢就有希望……

二战期间，纳粹集中营中的德国兵经常要求英国战俘跟他们踢球。与其说是比赛，还不如说是德国士兵折磨战俘的一种办法。因为纳粹仅给战俘队员一丁点儿的食物，让他们饿得眼冒金星去参加比赛。德国人借此大比分获胜，然后奚落英国人为蠢猪。

在此之前的所有比赛中，英国战俘不但每场都输，而且从未进过球。但是，1943年圣诞节前的一场比赛却掀起了波澜。比赛开始后，一名叫贝鲁姆的战俘就像野马一样，左突右带，在赛场上不停地奔跑，很快打乱了德国人的防守。

开场五分钟后，贝鲁姆获得一次单刀的机会，他冲入德国队禁区，一脚抽射攻破德国人的大门。这一进球使场上所有队员都受到了感染，都像开足马力的发动机一样，拼尽全力在赛场上奔跑，直到比赛结束英国战俘大胜德国士兵。

这场比赛惊动了集中营的头目，为什么饥饿的战俘有如此的体力来进行比赛，是不是他们暗地里有食物来源？是不是英国战俘打通了与外界联系的通道？

他们立即着手进行调查，经过一番查证，他们终于查清了事情的真相：贝鲁姆之所以有如此的体力，是因为他的狱友在比赛前几天就主动挨饿，把仅有的一点点黑面包攒下来，然后留给贝鲁姆比赛那天食用。因为有了足够的食物，所以他有足够的体力去比赛……

可不幸的是，没过几天，贝鲁姆就被秘密处死。

50多年后，一位八十多岁的老人在英国的一家体育电台讲出了这个故事，他是世上仅剩的一位为贝鲁姆参加比赛攒面包的人，他哽咽地讲起了当时的贝鲁姆：比赛开始前两天，贝鲁姆在早上郑重地对大家说："请大家把面包留给我，我要为英国踢进一个球，我要点燃大家的信念与希望之火，我要让大家相信只要勇敢就有希望……"

我们知道贝鲁姆服役之前是优秀的足球前锋，他如果有充足的体力就会进球，可他只要进球，就会死，所以我们都不同意，但贝鲁姆却很坚决……

我们都是流着泪看比赛的，因为我们将目送一位英雄在战争中的另一个战场上慷慨赴死！

虽然大部分战俘几乎饿得没有力气站立，但贝鲁姆进球的那一刻，所有战俘都发疯般地狂吼，声音一浪盖过一浪，直到比赛结束。

德国士兵吓得出动所有兵力戒严……

那场比赛下来，不光是我，集中营里所有的战俘都感觉获得了无穷的力量，从贝鲁姆踢进那个球开始，我们就坚信英国必胜。故事播出后，在英国引起了巨大的轰动，贝鲁姆成为所有英国人心目中的英雄，许多英国人自发地为贝鲁姆在英雄墓地里修墓立碑。

| 赏·品悟 |

人的生命只有一次，但如果能用仅有的一次生命换得一个群体的崛起或是信念的升腾，那么这一死便是生命的大智和大爱，这种大智和大爱，过去有益，今生受用。有些时候，不要去追问值还是不值，用生命去追求成功，这就是对使命和信仰的执着，也是对勇敢和奉献的最好诠释，谁有这样的人生，谁的生命之光就会灿烂无比。

马上作

[明] 戚继光

南北驱驰报主①情，江花边月②笑平生。

一年三百六十日，多是横戈③马上行。

【注释】①南北驱驰：戚继光曾在东南沿海一带抗击倭寇的侵扰，又曾镇守北方边关。主：指明朝皇帝。②江花：南方江边和北方边塞的花草树木。边月：边塞的月亮。这里的边塞指山东沿海登州卫等地。③横戈：手里握着兵器。

诵·品析

这首诗真实地反映了作者转战南北，紧张激烈的戎马生涯，保卫国家的英姿和雄风。全诗28字，让我们看到一位转战途中行吟的将军诗人。"南北"句尽写诗人一生。而次句一"笑"字更是意极浑含，写尽了豪迈气概。"一年"句是"南北驱驰""平生"的更具体的说明。一个保家卫国的英雄形象跃然纸上。"一年"句使读者感到，一日英勇奋战并不难，难的是三百六十五天如一日，更难的是年年如此，"平生"如此。这首诗平易自然，朗朗上口。诗人热爱大好河山、忠于君王、热爱祖国的高尚品质让人由衷地产生钦佩之情。

做一个梦想实现家

文_林志颖　主题词_梦想　实现

当机会来临的时候你要好好抓住它，紧握它，不要放弃，去把它放大，全力以赴去放大它。

很多人都说是听着我的《十七岁的雨季》长大的，是吗？真的吗？其实我也跟大家一样也是唱着自己的《十七岁的雨季》，一步一步慢慢长大的。时间过得很快，今年是我出道第二十一年，我也没有想到，自己会在演艺圈里面待这么长的时间，小时候我也没有想到我会走进演艺圈这一行。

我算是属于那种被选择而进入演艺圈的。中学的时候常常收到很多的情书，所以我父亲就觉得我的人缘蛮好的，所以就送我去华冈艺校念书。十五岁的时候，因为在一个舞台剧中表演被公司人看到了。而且很有趣的是，在这个舞台剧里面，我是最后五分钟才出来的，饰演的是一个偷情的丈夫。当时我对于演艺圈的憧憬，其实没有那么大。

十六岁的时候，公司开始有更多人来邀约，我就想，好吧，既然都已经走了华冈艺校这条路，就去试试看，或许这未来也是一条路。经过一年的训练，不停地排舞、练唱歌，到十七岁的时候才正式发片。就这样一夜之间迅速走红。坦白讲我真的很幸运，因为一夜之间能得到很多人的支持和掌声，我自己都不相信，这么快就得到这么多人的喜欢。甚至我还自己走到唱片行："老板，你看这个海报像不像我？"老板看："是很像哎，你可以帮我签个名吗？""好好好，我帮你签名。"慢慢地去享受了这种感觉。

抓住机会，全力以赴，行动成就梦想！拥有梦想但从不付诸努力只是空想，有了梦想并朝着既定的目标一步一步不懈地奋斗努力，才能实现心中所梦。和林志颖同行，不做梦想家，做梦想的实现家！

我觉得那是一种很不一样的感觉，而且很享受站在台上的那种欢呼声，还有大家的支持，可是很快换来的是不停地工作。我记得白天要上课，晚上又要去录影、录音，然后到学校开始打瞌睡。

坦白讲，那一段时间还蛮辛苦的，三年出了十几张唱片，拍了十几部电影，开了无数次的演唱会，相当相当的忙碌，压得我喘不过气来，很想要休息。所以我一拿到征兵单以后，就想去服兵役，我想要去过一种不一样的生活。我记得在服兵役的第一天，一进去就剃光了头，跟大家一样穿上军服。晚上睡觉的时候，我觉得身上那几千斤重的盔甲，全部卸下来，感觉好舒服，终于可以不用每天那么忙碌了。

可是在军旅生活中，有另外一种压力。每一次做完一个动作，譬如说，向右转、一二，做完这个动作，好，接下来我们请林志颖出来示范一下。你看，林志颖可以啊，你们每个人都要可以啊！所以在部队里面我做任何事情，都要更专心、更仔细、更迅速。因为做任何动作，我一定是第一个被叫出来示范的。训练三个月以后，我就被安排到了文工团，要去劳军。以前在舞台上，都是别人帮你准备好、打理好，灯光、音响、环境、麦克风，我只要上台唱就好了。可是在那个时候，从前期的灯光、音响、搭台，我们全部要自己来。搭完台以后，已经满头大汗，全身汗流浃背，赶快再换上演出服上台表演。又要担任主持人，又要担任伴舞，伴完舞再回来当主持人。台下不像现在大部分都是女孩子，台下都是男生，每次一上台，台下男生就起哄。经过了五六场演出以后，我越来越伤心。后来怎么办呢？我想到一个办法，唱第一首歌的时候，我就走下台去，跟他们绕一圈，拥抱、拍手，他们从一开始的起哄，到第二首时开始喊："林志颖加油，我们爱你！"

很多人服完兵役后说："我是很 MAN 了，我是男人了，我不一样了。"我那时候心态也是一样。然后就在这么急的状态下，反而是想做一些改变，穿西装装成熟，唱一些那种《男人是很好骗》的歌，想要唱一些情伤的这种东西。当然得到的声音跟过去可能就不一样了。因为这么大的一个转变，大家是否能够接受呢，会喜欢吗？我想未必。

在那一段时间里面，大概有两年吧，我想是时候去做一些自己想要做的事情了，那就是赛车。因为我小时候的愿望，就是成为一名赛车手。抽屉一打开，永远都有很多的火柴小汽车，汽车杂志背得比学校的课本都要熟。你问我什么汽车厂牌，什么型号，多少排量，几千匹马力，我倒背如流。其实一路过来，我还是没有放弃，我一直惦记着，在我脑海里面。

我自己常常说我是一个梦想实现家，而不是一个梦想家。因为梦想不去做，只是妄想。

　　1997 年，我正式去参加比赛，这一次的比赛对我来说非常重要。因为我一开始投入赛车，很多的声音就来了，爸爸的反对，歌迷的担心，还有很多质疑，比如艺人参加比赛无非可能作秀、玩票，可能或是想要耍帅或炫富。可是并不是，我是真心喜欢车，想要当个赛车手，但别人可能不理解。我就想要去证明给别人看，没关系，我证明给你看！我赢给你看！

　　可是这种心态犯了赛车最大的一个错误，因为赛车还是有一定危险性的。在1998 年的一个赛事里面，我急着想要去超越别人，想要去拿冠军，时速 150 去阻挡别人，结果车子开始失控、甩尾，撞了墙，转了好几圈才停了下来。那时候停在那边，车子开始冒烟，冒烟代表快着火了。我赶快开了门，一出来一踩，发现脚好像踩不到地，就单脚跳啊跳，跳离那个墙，刚翻过去，车子就烧了起来。后来去医院一照，原来脚骨头断了三根，打了四根钢钉，休息了半年。

　　这半年里，我不停地回想，为什么会发生这些事情？演艺事业比较低潮，赛车又撞车，然后大家的声音就是："你看吧，爱玩嘛，得到教训了吧？"那时候心里很难过，我就在想，是不是我追求的步伐太快了，太急着想要去证明给别人看，才导致这些状况的出现。

　　1999 年的时候，我接到一个很重要的角色，《绝代双骄》中的小鱼儿。我觉得我就是属于那种很开朗的个性，那种快乐至上的心情，就算天塌下来，我也无所谓的。我应该是这样的人，我为什么要去做个忧郁小生，然后装成熟呢？我就是我嘛，我做我自己，要有自信，这样才对。

　　我的敌人不是别人，而是我自己。我开始不断地去突破自己的单圈，自己的秒数，哪怕是进步 0.01 秒，我觉得都是一种超越、一种进步，只要超越自己就等于胜利。回到赛车场上以后，我发现过去跟我能够抗衡的那些敌人，不见了，甚至他们根本追不到我，就算我在他后面，我也可以一下子就把他超越过去。后来才发现，超越自己比超越别人来得重要。

　　我应该算是在单亲家庭长大的，父亲把我们独立带大，所以我从小就很渴望有个幸福美满的家庭。当然，我也很幸运，在三十五岁的时候遇到了对的人，然后在三十五岁生日的时候，公布了我最可爱的儿子小小志。有了他以后，我在生活当中又更不一样了，因为又有了另外一个身份，当一个奶爸。以前过弯的时候我想都不用想，油门踩到底就对了，现在过弯的时候，一踩下去，想到小小志的画面，就再收一点点好了。这样的方式，反而让我在赛车场上更稳健、更成熟，心态又更不一样。

这个世界在不停地转变，我们也要不停地转变，要不然会被淘汰。可能大家会说，我怎么会有那么多的时间去了解，做这么多的事情，有这么多的身份。一开始我也没有想到这么多，我都是从一个兴趣爱好而去了解，慢慢一步一步去逐梦，去实现它。只要你们有坚定的信念，永不放弃的精神，在机会还没有到之前，你一定要保持一个最佳的状态，等待那个机会的来临。当机会来临的时候你要好好抓住它，紧握它，不要放弃，去把它放大，全力以赴去放大它，我相信你们都可以当一个成功的梦想实现家！

| 赏·品悟 |

成为歌手、演员，对于林志颖是一个偶然，小时候从未想过，但既然选择了这一行，他便全力以赴，最终博得观众的喝彩，成为许多人心中的偶像。当一个赛车手，是他心中的第一梦想，他也一直在为实现这个梦想而努力，所以最后，他成功了。人生只要有坚定的信念，永不放弃的精神，努力抓住机会，好好把握，全力以赴，再遥不可及的梦想也最终能够实现。

行动成就梦想

文 _ 守望苍天　主题词 _ 行动　追求

与其留下遗憾，不如趁韶华未逝之时，赶紧行动起来，去追求你的梦想，让人生的足迹在奋斗中闪光！

有位语文老师，是个文学爱好者，擅长写诗歌和散文，也曾在报刊上发表过数篇稿件。

当他看到身边的一个文友出书了，成为作家，很是羡慕，心动了，梦想有一天，自己也能公开出版一部著作，最好还能把它拍成电视剧，那样就能赚很多的钱。文友和他相聚时，常听他念叨："打算写一部描写小兴安岭林区抗联历史的一个剧本，有点儿类似《林海雪原》，如果把它写出来，一定能有市场……"他说这番话的时候，眼睛里流露出异样的光彩，好像还沉浸在他的梦想中。如今，十多年过去了，他退休了，两鬓早已霜白，可是，这位语文老师仍然没能动笔，写出他梦想的那个剧本。

这是一个真实的故事，虽然简单，却蕴含了一个深刻的道理——梦想在于行动。再伟大的梦想，如果不去行动，只能是空想。

人活着不能没有梦想。

梦想是一只凤凰，它系着希冀，象征着幸福和吉祥。梦想是一艘航船，它载着未来，把我们带到更远的地方。梦想是一粒种子，它埋在心底，只有辛勤地浇灌才能发芽，开出成功的花朵。

可是，一个人光有梦想还不够，关键在于行动。

林语堂这样说："梦想无论清晰或模糊，总潜伏在我们心底，直到这些梦想成为事实为止。而要把这些梦想变成事实，行动才是唯一的手段和保证。"梦想好比是我们心中欲建的高楼大厦的图纸，即便设计得恢宏、壮观，倘若不打好基础，不用砖一层层地垒起，也是枉然，终建不成理想的大厦。人生的梦想也要靠行动去实现，否则，再美好的梦想，仍是空中楼阁。只有那些脚踏实地、不畏困苦和失败的践行者，才能成就一番事业，让梦想变成现实。

朋友，你是否想过，当青丝变成白发，蓦然回首，是否也会想起那些曾经埋藏在心底的美好梦想呢？是否也曾为此激动不已呢？是否还因为没有付诸行动让梦想落空，庸碌一生而懊悔和叹息呢？"莫等闲，白了少年头，空悲切。"与其留下遗憾，不如趁韶华未逝之时，赶紧行动起来，去追求你的梦想，让人生的足迹在奋斗中闪光！

| 赏·品悟 |

梦想是一只凤凰，它系着希冀，象征着幸福和吉祥；梦想是一艘航船，它载着未来，把我们带到更远的地方；梦想是一粒种子，它埋在心底，只有辛勤地浇灌才能发芽，开出成功的花朵。但是只有梦想没有行动，那就只是空想，是一座空中花园，是天方夜谭。只有付出切合实际的行动，并且坚持不懈地努力，才有梦想成真的一天。

渡易水①

[明] 陈子龙

并刀昨夜匣中鸣②，燕赵悲歌最不平。

易水潺潺云草碧，可怜无处送荆卿③。

【注释】①易水：源出河北首易县西，东流至定兴县西南与拒马河汇合。古时是燕国南部的一条大河。②并刀：并州（今山西省太原市一带）产的刀，以锋利著名，后常以之指快刀，指宝刀、宝剑。匣中鸣：古人形容壮士复仇心切，常说刀剑在匣子里发出叫声。③荆卿：即荆轲，战国时卫国人。被燕太子拜做上卿。太子丹派他去秦国行刺秦王，并亲自送他渡过易水，行刺未成被杀。

| 诵·品析 |

　　这首诗前两句托物言志，志由物显，以并刀夜鸣写出报国的志向和急切的愿望，后两句即景抒情，从眼中所见易水实景，引出对国事的无限隐忧。诗人借易水兴感，显然是为了说明那些统治者置国家安危于不顾。"可怜"一词，仿佛是为荆卿惋惜，其实是为了抒发那种知音难觅、报国无门的愤懑。全诗运思深沉，情怀激荡，苍凉悲壮。诗人所倡导的大敌当前，敢于英勇赴死的荆轲式英雄主义精神非常值得后来者珍视。

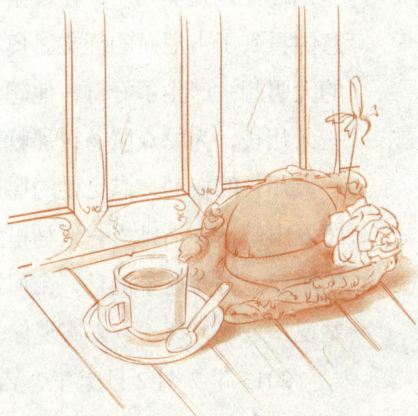

8 岁的州长

文 _ 佟雨航　主题词 _ 愿望　教育

教育的目标就是在一代代人心中撒下种子，让社会更加进步，让人民生活更加幸福。

吉尼娅是美国马里兰州一所小学四年级的学生。父亲马蒂是州里的一名参议员，母亲艾瑞则是一位有名的大律师。父亲经常会在家里和母亲探讨一些州里的政务，日子久了，耳濡目染的吉尼娅也忍不住参与到父母的讨论当中，发表自己颇显稚嫩的见解。让吉尼娅兴奋的是，父母不但没有打断她，还很认真地倾听。

受父母的深刻影响，吉尼娅很热衷于"做官"。在一次学校举办的旨在激发小学生思考公共服务事业的征文比赛中，吉尼娅就在征文中这样写道：我的愿望是做一天的州长，来帮助和改进马里兰州的事务。如果我担任州长，将改进中小学教学、大力支持警察和消防部门的工作，在保护环境上有所建树，并努力增加就业机会。

吉尼娅的征文被校方放到校园网上，有一天，马里兰州现任州长奥马利，在视察学校浏览校园网站时，无意中看到了吉尼娅的征文。奥马利州长对 8 岁的吉尼娅的大胆想法产生了好奇，他想，既然吉尼娅的愿望是当一天州长，为民众服务，那就让吉尼娅实实在在地行使一天州长的权利，满足她的愿望。于是，奥马利向吉尼娅发出邀请：请她当一天马里兰州州长，行使一天州长的职权。得知这个消息，吉尼娅惊诧不已，父母却鼓励她说，去吧，孩子，去实现你的理想。

2013 年 7 月 2 日上午，吉尼娅作为为期一天的荣誉州长，在州议会大厦前宣誓就职。宣誓就职之后，吉

成功没有年龄界限，需要的是付出异于常人的耐力与磨砺。成长需要信念支撑，给自己一个目标，让生命为它燃烧，当你只是一个孩子时，也同样可以穿越彩虹，收获成功。

尼娅开始在州长办公室正式履行州长职务。州长秘书为吉尼娅安排了如下的日程：会见来宾、与在州议会工作的女性党团成员开会、出席马里兰州环境科学教师会议并发表演讲，为新的州府官员举行宣誓就职仪式、接受媒体采访等。

别看吉尼娅只有 8 岁，但在处理州里各项事务上，却驾轻就熟，她学着父母在家里处理工作的样子，很快进入了状态。在与州议会女性党团成员开会时，吉尼娅提到应当缩小学校班级的规模，并举例说，今年我的班级有 32 名学生，课桌之间没有走路的空间，如果缩小班级的规模，将有助于我们的学生多听老师讲课，而不是陷入与其他学生的麻烦之中。最后她说，她希望这一目标能在马里兰州实现。之后，吉尼娅还建议为小学生开设西班牙语课，以及提供免费课后活动等。

接下来，吉尼娅要在马里兰州环境科学教师会议上做讲话。为了准备在马里兰州环境科学教师会议上的发言稿，她亲自查阅了很多相关资料，并归纳出自己发言稿的主题：保持查斯皮克湾环境的重要性。吉尼娅说：她每个月都要前去看望居住在查斯皮克湾附近的奶奶数次，顺便会去查斯皮克湾游泳，那里海水清澈，沙滩干净，天空碧蓝。吉尼娅提出要保护好查斯皮克湾这块净土，保护好这块孩子们童年的美好乐园。

……

一天的时光转瞬即逝，吉尼娅一天的州长执政结束了。面对媒体，吉尼娅谈到当一天州长的感受时说："当一天州长让我受益匪浅。从前我希望将来在科学或时装设计领域发展事业，但当了一天州长之后，我又确定了一个新目标：我长大后要参加州长竞选，当选后将在职业培训计划、公共安全和防止滥用药物上，有所作为……"

吉尼娅的父母接受采访时表示，孩子想当官，是要为民众服务，这是个好事，我们支持她。教育的目标就是在一代代人心中撒下种子，让社会更加进步，让人民生活更加幸福。

| 赏·品悟 |

一个 8 岁的孩子梦想成为州长，这在一个成年人看来几乎是不可能的空想，然而她却实现了，虽然只有一天。敢于做梦，拥有远大的梦想并没有错，怕的是不敢在心中树立远大的目标，给自己一份坚定的信念，并且相信能够实现这个梦想，最终你真的能实现。

清华最小生，不迷电视电脑

文_苗向东　主题词_进取　收获

我不是什么神童，也没有什么特殊的学习方法，只不过比别人学习时间更多而已。

范书恺，1999 年 12 月出生，5 岁上四年级，7 岁上初中，未满 14 岁进入清华大学，是年龄最小的清华新生。父亲说："孩子其实也没什么特别，主要就是不迷恋电视、手机、电脑，而学习上从没松懈过。"有资料显示，现在的孩子每天看电视、玩电脑游戏的时间平均每天 4 小时，这样书恺每天就比别的孩子多学习 4 小时。

范书恺的父亲是河曲县公安局干部，母亲是县实验初中教师。父亲从小就对孩子要求比较严，而母亲却是言传身教。书恺 1 岁左右，能牙牙学语，母亲便有意教他认说汉字，和他一起看图画书、故事书，边讲故事边指认字。书恺在 2 岁左右就能认上千个字。他没有上幼儿园，而是在家里由父母辅导自学。但是孩子爱玩，尤其是玩游戏，书恺也不例外，曾有一段时间他也吵着要买游戏机，但父亲却想办法转移孩子视线，经常利用一些玩具、扑克牌、象棋等和他做数字游戏，既有趣，又能在快乐的游戏中教他认识数字，练习简单的运算。5 岁时，别家孩子"还在跟隔壁家的孩童玩游戏"，而他已经是高年级的小学生了。

范书恺课前做好预习；课堂上紧跟老师步伐，认真听讲、思考；课后不折不扣完成老师布置的作业，在学习上从来都不取巧，总是一步一个脚印，他做的题比别的同学都多。从小学四年级一直到高三年级，老师布置的作业他在学校就都做完了，放学回到家里另外找题做，保证每天遇到的疑问、难题都"日日清"。高中三年，每个任课老师几乎都接过范书恺的"求助"电话，疑问从不过夜。上高中前主要是父母帮他买习题、学习用书、一些名著和期刊杂志，到高中时他就自己买。高中假期，书恺每门功课至少要做 30 多套题，寒假则平均每天两套。高考结束时，在他家一间卧室的床上，还放着他做过的一摞二尺多高的习题卷，对他来说，学习就像做游戏一样充满乐趣。

父母的教育方法很简单，即让儿子养成良好的学习、生活习惯，并坚持下去，不打折扣。只要他在家学习，父母就从来不看电视，而且不管多晚，只要有空就始终陪在他身边，三个人每人一本书，各看各的。这样书恺养成了不看电视的习惯，只是在星期天和节假日看央视科教频道《我爱发明》等几个栏目，从不看电视剧。父母经过摸索，逐步让儿子养成良好的作息时间，双休日也不例外：早上 5 时 40 分起床，洗漱后吃早餐，然后早读、学习，中午小睡一会儿，读小学期间晚上 10 点入睡，读初中、高中时，晚上 11 点入睡，读高三时晚上 12 点 30 分入睡，每天作息时间一分钟都不耽误。为此他表现出超过大多数同龄人的自律，学习不拖拉，"说一小时完成的作业，绝不拖到下一分钟"。母亲说："书恺学习上从没松懈过，坚持得好。"

当同学们整天沉迷于一有空就拿出手机来上 QQ、玩游戏时，他却成了"外星人"。不过读书是书恺的最大爱好。书恺的卧室里放满了书，天南海北什么书都有。好多书籍他在入小学四年级前就已经读过了。父母为了他看书方便，曾专门在县图书馆给他办了借书证，经常带他去看书借书。从小到大父母都全力支持他多读书，读好书。粗略估计，10 余年来父母仅在为他买课外书上的投资就高达一万多元。他既看"正书"，也看"闲书"，可以说涉猎广泛。海量的阅读让书恺尽情地感受着文字的魅力和思想的力量，也让他比同龄的孩子显得早熟许多。

当然，书恺也不是个"书呆子"，在学习之余，他也听音乐、练书法、打篮球乒乓球羽毛球、跑步等，还会帮父母做家务、洗衣服。

说起自己的"传奇经历"，书恺说，"我不是什么神童，也没有什么特殊的学习方法，只不过比别人学习时间更多而已。"

| 赏·品悟 |

一分辛劳一分收获，不一定；九分辛劳一分收获，是一定的。范书恺的成功也并无他法，"只不过比别人学习时间更多而已"。付出了不一定会有收获，但是没有付出就一定一无所获。时间是一位善良的老人，他定然不会辜负你的所有付出。

海上（其四）

[清] 顾炎武

长看白日下芜城①，又见孤云海上②生。

感慨河山追③失计，艰难戎马④发深情。

埋轮拗镞⑤周千亩，蔓草枯杨汉二京。

今日大梁非旧国，夷门愁杀老侯嬴⑥。

【注释】①芜城：指扬州，是史可法殉国处。②海上：鲁王漂泊处。抚今追昔，倍增感慨。③追：追思。④戎马：指战争。⑤埋轮、拗镞：都指战败。⑥夷门、侯嬴：作者以侯嬴自比。

诵·品析

　　顾炎武《海上》诗共四首，这是最后一首，总结前三首，写作者对时局的感慨。"长看"两句描写海天景色。"感慨"两句写以往用兵多失策，造成艰难局面。"埋轮"两句感慨以往战争失利，南北两京相继失陷。"今日"两句写改朝换代，自己虽存忠义之心，但无从救国的感慨。作者以侯嬴自比，以大梁指中原之地，主张恢复之计在于进击中原。